マタニティ・ヨーガ　安産BOOK

DVD付
音楽＝ウォン・ウィンツァン

マタニティ・コーディネーター
きくちさかえ

現代書館

もくじ

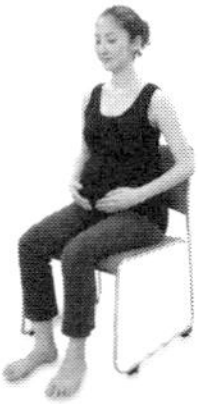

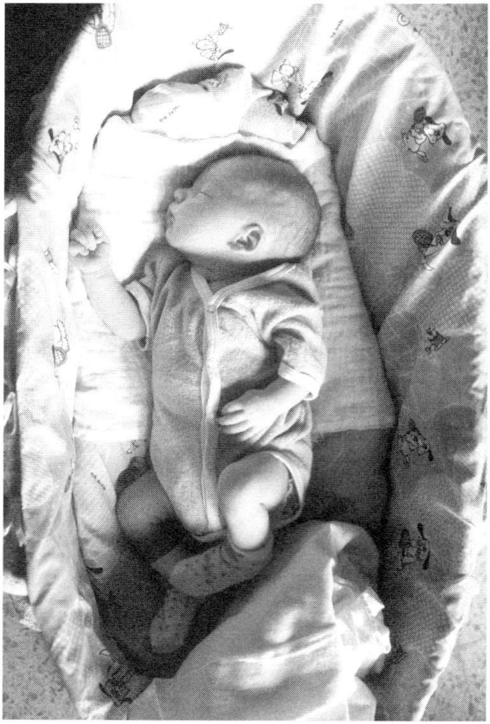

1

妊娠、出産は
からだのお仕事

妊娠して出産するのは、
ほかのだれでもないあなたのからだ。
安産に向けて、からだづくりを、しましょ。

からだのお仕事

おなかの中に新しい小さないのちを宿すということは、なんだか不思議です。ふわふわとした、とてもあたたかい感覚に身を包まれる人もいますし、いつもと違うからだの感覚に新しい自分を発見する人もいるかもしれません。

妊娠は、おなかの中にもうひとつのいのちを宿すスペシャルな10カ月間。日常とはちょっと違うマタニティ・ライフを、健康的に楽しみながら過ごしたいもの。

マタニティ・ヨーガは、そんなあなたのボディと心に、あふれるエネルギーを与えてくれるにちがいありません。

妊娠、出産はからだのお仕事です。たくさんの情報を集めて、知識を頭に入れたとしても、日々胎児を育て、産み出すのはあなたのからだです。

「医療設備が整っている施設を選んだから、もう安心」と思っていても、なんとなく漠然とした不安は解消されないままということもあります。医療に任せたつもりになって、自分では何もせずに太ってしまったり、運動不足のままでいると、それだけで病気をつくり出してしまうことにもなりかねません。

妊娠して出産するのはあなた自身。医療はあなたのサポーター的存在です。「産ませてもらう」というより、「自分が産む」のです。そう考えると、自分のからだを頼りにするしかありません。妊娠中、健康なからだをキープして、出産のとき安心して任せられるからだをつくっておきたいもの。

妊娠、出産は自然な営みとはいえ、妊娠したことがわかったとたん、病院ではいろいろな検査がめじろ押し。なんだかまるで病人になったような気分の人もいるかもしれません。中には妊娠中や出産のさいに病的な状態になってしまう人もいますが、それは確率としてそんなに多いことではありません。妊娠中からしっかり健康管理をしておけば、何もしないで運動不足のままで心配ばかりしているより、リスクの率はずっと少なくなります。

妊娠は病気ではありませんし、出産は病院の手術室で行なわれるようなものものしい治療行為ではありません。昔から女性たちがそうしてきたように、女性のからだにはおなかに胎児を宿し、産み出す機能が備わっています。そんな女性的なからだを、このときとばかり楽しんじゃいましょう。

マタニティ・ヨーガはこんなに効果的

「自分」のことは、わかっているようで意外に知らないことが多いもの。とくにからだの中は目に見えませんから、なんだか暗黒大陸のように謎に包まれています。でも、からだこそあなたそのもの。ヨーガは、そんなあなたのからだと出会うきっかけを与えてくれます。

妊娠中は、これまでになくからだが日々変わるとき。なにしろ自分だけでなく、おなかにもうひとつのいのちを宿すわけですから、赤ちゃんの成長によって「私」のからだも変わっていきます。そうした変化に不安を感じることもあるかもしれませんが、むしろその変化を受け入れ、楽しんだほうがずっと前向きです。

ヨーガは、からだと心を整えていくためのエクササイズ。からだを動かすことは、とても気持ちのいいものです。からだは動かしたり、感じたりすることで活性化され、ストレスが解消されて、健康的になっていきます。

マタニティ・ヨーガは、とても動きがゆったりとしているので、今までヨーガをやったことのない人でも簡単にはじめられます。マタニティ・ヨーガには、妊娠中の健康をたもち、出産しやすい

からだをつくるためのポーズがたくさんもりこまれています。呼吸をしながらポーズをすることによって内臓が動き、神経のバランスが整ってきます。それによって、便秘や腰痛、むくみなどの不快な症状の緩和にも効果があります。

また、呼吸法やリラックスは、心の緊張や不安をとりのぞいてくれる効果があります。おなかの中の赤ちゃんに思いをはせてコミュニケーションをとる大切な時間でもあります。

はじめのうちは「からだがかたい」「思うように動かない」と感じるかもしれません。でも、ヨーガは人と競ったり、成績を上げるためのものではありません。そんな自分とじっくりつきあうための時間です。

ヨーガをしていると、呼吸する私、背筋をまっすぐ伸ばして立つ私を、あらためて感じるはず。イライラしたり、不安になっている自分も感じるかもしれません。一方で、おなかがほんわりあたたかい気持ちのいい私や、ふたり分のエネルギーをもってパワーアップしている自分を感じることでしょう。それも、新しい自分の発見です。

気持ちよ〜く からだを動かす

忙しい日々の中、いつも頭の中は思考でいっぱいです。一日のスケジュール、仕事のこと、人間関係のこと、カレとのやりとり、夕飯の献立まで、いかにうまくこなすかという段取りを思いめぐらせています。いわゆる頭モードの生活スタイル。

けれど、考えてばかりいるとストレスがたまる。それを発散する方法はいろいろありますが、たいていはそういったことをすべて忘れて頭をぽか〜んとさせること。

お産もこれに似ています。段取りを考え、しっかり準備したつもりでも、最後はからだが勝負ですから、むしろ頭をぽか〜んとさせてからだに任せたほうが、余分な緊張やストレスから解放されます。

マタニティ・ヨーガは、頭をからにして、気持ちよくからだを動かすことが目的。からだを動かしながら、からだに広がる感覚を探っていきます。

妊娠中は、からだの変化がとても気になります。おなかがはったり、腰が痛かったり、脚がむくんだり。こうした症状はよくあることですが、妊娠しているからこそ心配にもなる。でも、冷え

や運動不足、姿勢の悪さが原因になっていることも多く、ちょっとした工夫で治っていくことはあんがいあるもの。

感じることは、自分のからだを知るための大事な一歩です。感じる習慣をつけると、からだのことがだんだんわかるようになっていきます。すると不思議なことに、ちょっとしたことでビクビクしなくなる。これくらいなら病院に行かなくても自分で対処できるとか、これは心配だから医師に相談しようとか、そうしたことが自然にわかるようになっていくのです。

お産のとき、こうしたからだの感覚はとくに大切。慣れない環境の中で、不安いっぱいで緊張していると、陣痛がはじまってからいつ入院したらいいのか、産院のベッドの上でどんな姿勢をとればいいのか、どうやって陣痛をのがすのかなどもわからなくなってしまうかもしれません。

自分のからだのことは本来自分が一番わかっているはず。マタニティ・ヨーガでからだの感覚を磨いておくと、妊娠中の不快な症状を自分で改善することができるようになりますし、お産のときどんな姿勢をとれば楽になるのかも自ずとわかっていきます。

からだに自信がわいてくる

はじめてマタニティ・ヨーガをする人は、からだがかたくて「うまくできない」と思うかもしれません。でも、ヨーガはうまくやることが目的ではありません。自分なりに、ゆったりとからだと向き合う時間です。

からだがかたいからといっても、すべてのポーズが苦手という人はまずいません。足がまっすぐ伸びなかったり前屈が苦手な人でも、立つポーズをしたときにはうまくできる人はたくさんいます。それもそれぞれの個性。からだの状態は日によっても違います。今日はうまくできなかったけれど、何日か続けてやっていると、だいたいは伸びるようになっていきます。

妊娠中は、女性ホルモンがたくさん分泌されています。ふだんなら伸びるはずのないおなかの筋肉が、胎児が大きくなるにつれて痛みもなく伸びていくのも、ホルモンによるしわざ。ホルモンは筋肉や靱帯を柔軟にさせる役目をもっています。

ですから、妊娠中はからだが柔軟になりやすい時期。ヨーガの上達には、もってこいです。はじめはかたかったからだも、続けていると、お産が近くなるころには自分でも驚くほどやわらかく

なっているのに気がつくはず。

エクササイズをしてからだが思うように動くようになると、上達したということだけで、自分に自信が出てきます。はじめての妊娠で不安があったとしても、からだに自信がつけば、お産もきっとうまくいく、なんだかそう思えてきます。

お産というと、痛い、苦しい、こわいというマイナスなイメージが頭に広がっていませんか。もちろん痛いし、苦しい場面もありますが、お産は女性にとって性的でとてもプライベートな場面。赤ちゃんが誕生する、悦びに満ちたひとときでもあります。

病院のものものしい分娩室の中、煌々と照明が灯された分娩台の上で、仰向けの姿勢でいきんで、会陰切開をされて、赤ちゃんは血みどろというイメージが、お産を生々しいものにさせているのかもしれません。でも、分娩室の中で助産師や医師に見守られ、夫や家族に腰をさすってもらい、やさしい言葉をかけられながら、薄明かりの中でおだやかに産み、みんなで悦びを分かち合う出産をすることもできます。

からだに備わっている産む力を信じて、安産をめざしましょ。

2

マタニティ・ヨーガをはじめよう

エクササイズはだれにでもできる簡単なもの。
はじめる前にまず、
準備体操でウォーミングアップから。

ポイント
効果

はじめる前に

マタニティ・ヨーガは、つわりが治まって、気分もからだもすっきり晴れ渡る15週ごろからはじめると安心です。妊娠中、ずっと健康であれば出産間近まで続けることができます。体調がすぐれないとき、医師に安静を指示されたときには無理をせずにいったん中止して、体調が整ってから再開するようにします。

マタニティ・ヨーガクラスに通いながら、自宅で毎日からだを動かすことができればベストですが、毎日することを自分に課してしまうと、できなかったときに重たい気分になってしまうかも。「やらなくちゃ！」と肩ひじはらずに、「気持ちいい～」を感じながらからだを動かして、少しずつ生活の中にヨーガをとり入れていく、というくらいのつもりで。

あたたかい部屋の中で、バスタオルサイズのマットか座ぶとんを敷けるスペースを確保します。ベッドの上は柔らか過ぎて、ポーズをうまくとりにくいので、床か畳の上で。毎日同じ場所のほうが、落ち着くかもしれません。

ヨーガの時間は、最低15分ほどはとりたいもの。慣れてきたらだんだん時間を延ばして、1時間ほどできればベスト。最初はそ

んなに時間をつくれないと思うかもしれませんが、いくつかのポーズをやっているうちに、時間はまたたく間に過ぎていってしまいます。

「マタニティ・ヨーガメニュー」を参考に、はじめのうちは、いくつか好きなポーズややりやすいポーズをやってみます。そのうちに、いろいろなポーズや呼吸法に挑戦してみたい気分になっていくはず。

途中で電話が鳴ったり、人が来て中断されることがないように工夫しましょう。時刻は朝でも、夜でも、ゆったりと時間がとれるときに。毎日、だいたい同じ時間帯に行なうと、一日のスケジュールに組み込みやすく、習慣になりやすいでしょう。

食事のあとは、おなかが苦しくなることもあるので、食後2時間たってからはじめるか、ヨーガの前は軽く何かを食べる程度に。

服装はできるだけゆったりとしたもので。おなかをしめつける腹帯やガードル、メガネやアクセサリー類ははずします。

音楽をかけたほうがリラックスできるという人は、お気に入りのCDを用意。アロマが好きな人は、ポットにアロマを数滴。

ヨーガのお約束

ヨーガは呼吸といっしょにからだを動かすことが基本です。できるだけ本文に書いてあるとおりに、息を吸いながら、あるいは吐きながらからだを動かすようにしてみてください。ポーズの途中で息が苦しくなったときには、呼吸をついでもかまいません。

呼吸は基本的に、鼻から吸って鼻から吐きます。ふだんと同じように、胸で呼吸してもかまいませんし、できる人はおなかまで息を入れる腹式呼吸でもかまいません。とくに意識する必要はありませんが、ゆったりと流れるような呼吸が理想的です。

ヨーガをやっている時間は、からだに向き合う時間です。ほかのことを考えながらからだをただ動かしていると、効果は半減してしまいます。今日の夕飯のレシピのことや、仕事や約束のスケジュールは頭のすみからはずして、今伸びている筋肉や呼吸に気持ちを向けてください。

呼吸法やリラックスのときは、赤ちゃんと共有しているあなたのからだとふたりの時間を味わいます。

寒くないか、リラックスできる雰囲気かどうか、もう一度確認してから、にっこり気分で、はじめましょう。

COLUMN

メニューをつくる

この本には、数多くのポーズが紹介されていますが、この中からいくつかをチョイスして自分のメニューをつくってみます。まずは何回かに分けてひととおりやってみるのもいいかもしれませんし、やりたいと思うポーズや気持ちいいと感じたものを選びます。人によっては、からだのかたい部分が気になって、そのポーズをすると痛いのだけれど、なんだか気になるのでスケジュールに組み込んでみた、という人もいます。

好きなポーズを感覚で選ぶということも、マタニティ・ヨーガの大切な目的のひとつ。自分が何を好んでいるのか、その感覚を大切にしてください。

本の中では、座る、仰向け、よつんばい、スクワット、立つなど、姿勢のカテゴリー別に紹介しています。ひとつのブロックの中からいくつかピックアップして、いろいろな姿勢をメニューに組み込むようにします。

慣れてくるにしたがって、からだが流れを覚えて、同じ時間の中で要領よくやれるようになります。そうしたらひとつのポーズにじっくり時間をかけたり、何回かくり返して行なったり、ポーズの数を増やすようにします。

ウォーミングアップ

マタニティ・ヨーガをはじめる前に、手首や足首などを回して、軽く準備体操をしておきます。慣れてきたらスキップすることもできますが、はじめのうちはからだをほぐすために、まずは準備体操から。

手足や、首、肩などの関節を動かすと、血行がよくなり、からだ全体がほぐれて柔軟になっていきます。

首

①正座の姿勢で座り、背筋を伸ばして、肩の力を抜きます。頭の重みで首を静かに前に倒して、好きな方向からゆっくり首を回します。同じ方向に2回まわし、反対側も2回。正面に戻ったら、顔を上げます。

痛いところや、こっているところを感じながら。

首や肩のこりをほぐします。

足

①右脚を伸ばして、床に座ります。左足を右のももの上にのせます。

②左足の指のあいだにぴったりくっつくように、右手の指を1本ずつさしこんで、握り合います。指のあいだの感覚を感じましょう。

③左足を右脚の太ももの外に出して、右手で握ったまま、足首を回していきます。足首を感じながら。大きく10回まわします。反対回しも。

④手を足からはずして、両手の親指、人さし指で左足の親指と人さし指をつまんで前後に交差させながら開きます。指のあいだの水かきのような部分を伸ばしていきます。指をかえて、順々に。

⑤右手の親指、人さし指、中指をつかって、左足の親指を根元から挟み込んで、ちょっと力を入れながら指先までしごいていき、最後はぽんと音が出るようなつもりで放します。指を1本1本ていねいに。足をかえて、①〜⑤を同じように。

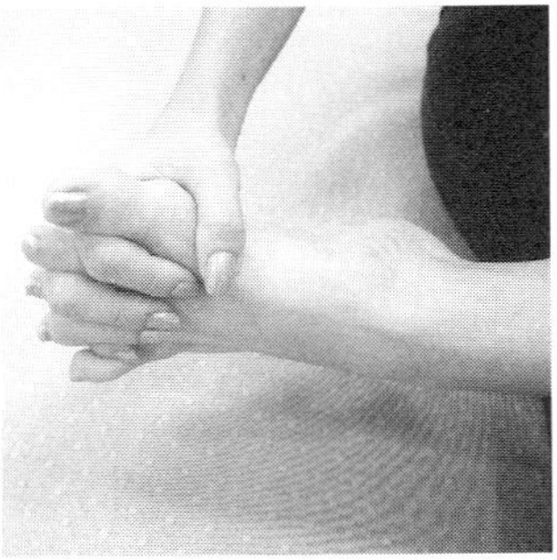

触れあっている手と足の指の感覚を感じます。とくに小指や薬指など、ふだん忘れているような場所の感覚を味わいます。

足の血行をよくし、冷え、むくみの予防に。

肩

①正座の姿勢で、背筋を伸ばします。両腕をぶらんとさせて、肩の力を抜きます。息を吸いながら、両肩をすぼめるように上げ、吐きながら肩をストンと落とします。3～5回。
②両腕を肩の高さで前に伸ばし、ひじを曲げ、左右のひじを合わせます。そのまま上に上げ、顔の前をひじが通過したところでひじを離し、じょじょにひじを真横まで開きます。もう一度ひじを中央で合わせるように、戻していきます。3～5回。
③②と逆の動きです。左右のひじを正面で合わせた状態から、左右に開いていきす。ひじを上げ、左右からひじを正面で合わせるようにして、肩の高さに戻します。3～5回。

腕を開くときは、ひじが肩の線から下がらないように。

肩の血行をうながし、こりをほぐします。

手

①両手を胸の前で組んで、手首の力を抜き、手首を片方ずつ前方に押し出すようにしながら、クリンクリン回します。このとき手首が直角になるように。10回。反対回しも。

回っている手首を感じましょう。

手首を柔軟にし、手のむくみを予防。

COLUMN

おなかの中の赤ちゃんと いっしょに楽しもう

マタニティ・ヨーガが一般のヨーガと一番違う点は、エクササイズをする人のおなかの中に、もうひとり、胎児がいるということ。あたりまえのことのように感じられるかもしれませんが、これがマタニティ・ヨーガをダイナミックなものにしている点でもあります。

マタニティ・ヨーガは、おなかの中の赤ちゃんに負担のないポーズで、ゆったりとした動き方で構成されています。もうひとつの特徴は、呼吸法やリラックス、瞑想のときに、おなかの赤ちゃんを感じるということ。

忙しい生活の中では、妊娠中とはいえ、何かとせわしく緊張していることが多いもの。仕事をしていたり上の子がいたりすれば、時間に追われて、おなかの中の赤ちゃんのことをじっくり考える余裕はないかもしれません。母親がストレスを感じていたり、不安が強かったり、冷えていたりすると、胎児もまた緊張して、それがおなかの張りとなってあらわれてくることもあります。

リラックスや瞑想をしながら、おなかの中の赤ちゃんを感じてみましょう。マタニティ・ヨーガは、胎児と母親の気持ちをつなげる貴重な時間です。

痛みと仲良くする練習

ヨーガはふだん動かさないからだの部分を動かすポーズが多いので、痛みを感じることがあります。痛いのは、だれにとってもいやなもの。できれば痛くないほうがいいに決まっています。

痛みにはいろいろな種類があります。ナイフで手を切ってしまったり、けがをしたときのような、からだが傷つく痛みもありますが、ヨーガで感じる痛みは、かたくなっている筋肉が伸びている、という報告です。

マタニティ・ヨーガをやっているあなたは、お産をひとつの目標にしているはず。お産はご存じのとおり、けっこう痛い。でも、残念ながらお産の痛みは、麻酔をつかう無痛分娩をしない限り完全にとり去ることはできません。だからといって、ビクビクしながらその日を待っているのではあまりに消極的。そこでヨーガの練習が役にたちます。

陣痛の痛みは、子宮の筋肉が収縮するために感じる痛みです。陣痛はかならず、波のようにやってくる。ずーっと何時間も痛いのではなくて、数秒～数十秒痛みが続いて去っていき、10分～数分間のお休みがあります。お休みのほうが、痛い時間よりずっと長いのです。

とはいえ、多くの人が「お産は痛い、痛過ぎる」と思っている

のは、冷静に痛みを捕らえることができないからかもしれません。

痛みは不安や緊張と結びつくと、よけい強く感じられるという性質があります。不安や緊張が強いと、本来1の痛みでも、2倍に感じられたり、場合によっては10倍ほどになることも。

ヨーガでは、痛みを冷静に感じる練習を知らず知らずのうちにしています。あるポーズをして痛みを感じたとき、ゆったりと呼吸しながら、どこが痛いのか感じてみます。全身が痛いのか、伸ばした筋肉が痛いのか。感じることは、痛みを冷静に眺める練習になります。

何回も練習していくうちに、「先日痛かった同じポーズが、そんなに痛くないなあ」と感じられるようになっていく。それは、からだが柔軟になって、筋肉がよく伸びるようになったせいでもありますが、緊張がとれて痛みを受け入れられるようになったからでもあるのです。

この練習は、いざお産がはじまったときにもきっと役にたつはず。とはいえ、陣痛の痛みが消えてなくなるというわけではありません。痛みは痛みとして感じられますが、不安や緊張によってその痛みがいたずらに倍増してしまうことがなくなる、という意味です。

3

エクササイズ

マタニティ・ヨーガにはいろいろなポーズがあります。
座る、寝る、よつんばい、立つなど。
それぞれの姿勢の中から好きなものをいくつか選んで、
オリジナルメニューを。

ポイント
効果
注意

エクササイズをはじめよう

ヨーガには、ポーズと呼ばれるそれぞれの体操と、呼吸法、リラックス法、瞑想法があり、マタニティ・ヨーガもそれらを合わせてプログラムされています。

これをすると腰痛に効くとか、これをすれば逆子が治るといったようなポーズもありますが、ヨーガはいくつものメニューを合わせて、全体的なからだのバランスが整うことで効果があらわれてくるもの。

ポーズは、筋肉をストレッチして柔軟にさせ、内臓や骨格を整えてくれます。呼吸法は、酸素を全身に十分に行き渡らせ、胎盤を通して胎児へも送りこんでくれます。リラックス法と瞑想法は、からだと心をリラックスさせ、神経やホルモンのバランスを整えてくれます。

これらは妊娠中の健康を維持するばかりでなく、お産しやすいしなやかなからだづくりにも役立ちます。また、おなかの中の赤ちゃんを感じながらいっしょに過ごすゆったりした時間は、胎教という面でもとても効果的。

はじめのうちはからだがかたいと感じられるかもしれませんが、

続けているうちにかならずしなやかになっていくはず。

筋肉は、ストレッチすることでゆるめることができます。筋肉をゴムにたとえてみましょう。ゴムをゆるめるためには、まずいったん伸ばしてから元に戻すと、はじめの状態に比べてゆるんだ状態になります。

妊娠の時期によって、やりやすいポーズとやりにくいポーズがあるかもしれません。ここに紹介するポーズは、一般的にはどの時期にでも行なえるものですが、やりにくいと感じたらメニューからはずしてください。

自分のからだの様子に耳を傾けて、その日の調子や気分に合わせて、気持ちいいと感じたり、ちょっと痛いけれどもなんだか気持ちがすっきりするような、そんなポーズを選びましょう。

ポーズはおなかに負担がかかるようなものは含まれていません。ねじるポーズがありますが、その場合にも急にねじらずに、ゆっくりからだを動かしていくようにします。

途中で気分が悪くなったり、頭がふらついた場合には、すぐに横になって楽な姿勢で休みます。

座ってするポーズ

床に座ってあぐらの姿勢をとったり、脚を伸ばすポーズは、脚や骨盤周辺の筋肉を伸ばします。骨盤をなめらかに動かして、柔軟にしておくと、お産のとき骨盤が開きやすくなります。

あぐらの姿勢

① どちらでもやりやすい足を恥骨のほうへ引き寄せて、反対の足をその脚のつけ根の上にのせ、あぐらの姿勢をとります。背筋を伸ばして、首をまっすぐにして、肩の力を抜きましょう。

ももや骨盤周辺の筋肉が伸ばされるので、この姿勢をとるだけでエクササイズに。床に座るときは、横座りではなくあぐらの姿勢を。

股関節を柔軟にします。

バタフライのポーズ

背筋を伸ばす

① ひざを曲げて、足の裏と裏を正面で合わせて座ります。両手の中指と人さし指を、両足の親指にかけて、できるだけかかとを恥骨のほうへ引き寄せます。背筋を伸ばして、肩の力を抜きます。

前屈

① 背筋を伸ばした姿勢で息を吸って、次に息を吐きながら、あごを出すようにして背筋を伸ばしたまま上体を前に倒します。少ししか曲がらなくてもかまいません。背中が丸まらないように注意。自然な呼吸で、その姿勢を少したもち、息を吸いながら、元に戻します。2～3回くり返します。

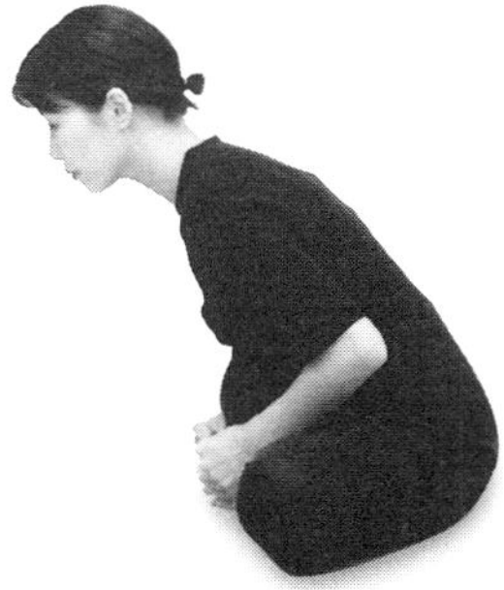

足が床に接している部分や背中、腰など、痛いところや伸びているところを感じながら。

股関節や骨盤周辺の筋肉を柔軟にして、お産に向けて骨盤を開きやすく整えてくれます。

片脚を開くポーズ

合掌ストレッチ

①脚を伸ばして座った姿勢から、左脚を開き、右脚を曲げて、かかとを恥骨のほうへ引き寄せます。胸の前で合掌して、左右の親指を交差させます。背筋を伸ばして、肩の力を抜きます。

②息を吐いて、次に吸いながら、合掌を上のほうへ伸ばしていきます。両腕で耳を挟んで、さらに伸ばします。自然な呼吸で少したもってから、息を吐きながら、ゆっくり両腕を下ろしていきます。腕が元の位置に戻ったら、呼吸を整えて、腕や肩から力を抜きます。2回。脚をかえ、右脚を伸ばして同様に。

手を上げたとき、ひじが曲がらないように。伸びている胸、腕、背中、手先などを感じます。下ろしたときはリラックスした腕や肩の感覚を感じます。

背筋が伸びて、姿勢が正しくなります。背中、肩が十分に伸びて、肩こりの予防に。

●前屈

①左脚を開いて座り、右脚を曲げて、かかとを恥骨へつけます。左手の人さし指と中指を、左足の親指にかけて、右手は背中に回します。

②まず上半身の力を抜いて、左脚に向かってふわっとかぶせていきます。自然な呼吸でリラックスした状態で。

③息を吸いながら、上半身を起こして背筋を伸ばします。自然な呼吸で、伸びている左脚のひざの裏や、太ももを感じましょう。左脚のひざの裏を床につけるようなつもりで。息を吐きながら、②に戻して、上半身の力を抜きます。脚や背中などに広がる感覚を味わいましょう。2回。脚をかえ、同じように。

手が足の指に届かなかったり、ひざが曲がってしまう場合には、タオルを足にかけて、その端を持つようにするか、手を足首に置くようにします。

脚の裏の筋肉が伸びて、こむらがえりの予防に。

開脚

●背筋を伸ばす

①脚を大きく開いて座り、背筋を伸ばして、肩の力を抜きます。まっすぐに伸びた背中を感じます。

●前屈

①背筋を伸ばしたまま、あごを少し出すようにして、息を吐きながら左の脚に向かって上半身を倒していきます。痛みを感じたら、どこが痛いのかその場所を探っていきます。自然な呼吸で30秒ほどたもちます。痛いときには、息を吐くようにします。

②前屈したまま顔を床に近づけながら、上半身を正面へ移動します。さらに右に移動させて、右の脚にかぶさるように上半身を倒していきます。自然な呼吸で、30秒ほどたもち、痛いところを感じます。右からまた、正面を通って左に。2往復。正面に戻ってから、息を吸いながら、顔を上げます。肩の力を抜きましょう。

●→毎日やっていくうちに、ももの内側の筋肉が伸ばされて、脚が開くようになっていきます。左右、やりやすいほう、やりにくいほうがあります。その違いを感じましょう。

♥もも の内側の筋肉と、それにつながっている産道の筋肉を無理なく伸ばし、ゆるめてくれます。産道は赤ちゃんが出てくるときに通ってくる道ですから、柔軟にしておきたいもの。

仰向けの姿勢

おなかが大きくなっていくと、背骨や腰はそれを支えるために負担が大きくなります。仰向けに寝た姿勢で、背中を床になじませて、背骨をゆるめていきましょう。

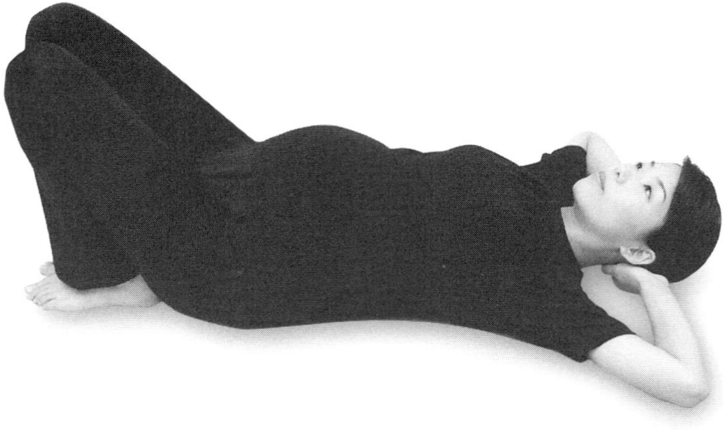

ひざを揃えて左右に倒すポーズ

①仰向けに寝て、左右の手を組んで頭の下に置きます。足を揃えてひざを立てます。かかとをできるだけ、おしりに近づけるようにしましょう。

②息を吸って吐きながら、ひざを揃えて左に倒します。5秒ほどたもって、息を吸いながら戻します。ひと呼吸してから、次に吐きながらひざを右へ倒していきます。5秒ほどたもって、息を吸いながら、戻します。これを2回くり返します。

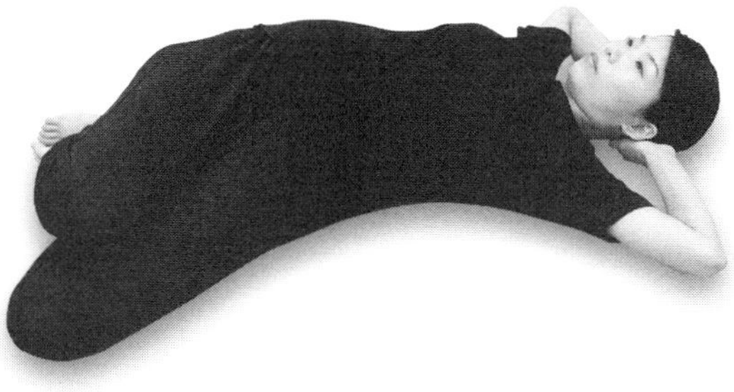

ねじれた腰や、伸びたわき腹を意識して。

腰をひねることによって骨盤のゆがみを調整します。腰痛の予防や改善に。

片ひざを内側に倒すポーズ

①仰向けに寝て、ひざを立てます。手は組んで頭の下に置きます。かかととおしりを30センチほど離して、両足は60センチ幅くらいに開きます。

②息を吸って、吐きながら、左ひざをゆっくり内側に倒していきます。ひざが床につくのをイメージしながら。このとき、右ひざが倒れないように注意しましょう。少しその姿勢をたもってから、息を吸いながら、ゆっくり戻します。反対側も同じように。左右2回ずつ。

ねじれている腰や、わき腹からひざにかけて伸びている筋肉を意識します。

骨盤の左右のゆがみを整え、腰痛予防や改善に。

腰上げ

①仰向けの姿勢で寝ます。両手は脇に伸ばし、手のひらを下に向けます。ひざを立てて、足を50センチほど開きます。

②息を吸いながら、腰をゆっくり浮かせていきます。上がったところで、自然に呼吸しながら10～20秒ほどキープ。息を吐きながら、ゆっくりゆっくり腰を下ろしていきます。腰を床に下ろしたら、ゆったりした呼吸をして、全身を感じてみます。2～3回。

腰を上げて痛みを感じる人は、このポーズは避けてください。腰痛が強い場合には、出産のときに腰が痛くなる可能性が高いので、助産師や妊婦をよくみている整体院などに相談して改善しておきましょう。

腰痛予防や解消。おしりの筋力アップに。

足先を伸ばすポーズ

①仰向けの姿勢で寝て、脚を揃えて両ひざを立てます。手は組んで頭の下に置きます。息を吸いながら、左脚を上げます。
②息を吐き、吸いながら、足先を天井のほうへ伸ばします。ゆっくりと吐く息で、足先を手前に引いて、かかとを押し出します。ゆっくりとした呼吸といっしょに、足先を伸ばしたり、手前に引いたり。5回。反対側も。

上げた脚のひざは、できるだけ伸ばすようにします。

ふくらはぎとアキレス腱が伸ばされて、こむらがえりの予防に。

起き上がる姿勢

①寝た姿勢から起き上がるときには、かならずいったん横向きになります。両手を床について、まず上半身を起こし、全体を起こしていきます。

- おなかが大きくなるにつれて、仰向けの姿勢で寝ることがつらくなってくる人が多くなります。仰向けの姿勢から、手を使わずにそのまま急に起き上がると、腹筋に無理な力が入ってしまうので気をつけたいもの。
- 腰やおなかに負担をかけずに起き上がることができます。

よつんばいのポーズ

おなかの重みを骨盤で支えている妊娠中は、よつんばいの姿勢はとても有効です。この姿勢をとると、子宮がホルスタインのおっぱいのように、ぶらんと床のほうにぶら下げられるので、腰の負担が軽くなります。

腰回し

①両手、両ひざを床につけ、よつんばいの姿勢になります。両手と両ひざは肩幅に開いて、足先はまっすぐ床に伸ばします。おなかと腰をゆったりさせて、背中を床と平行にしたまま腰を気持ちよく回していきます。

ひじが曲がらないように。痛いところ、気になるところがないかどうか、感じながら。陣痛がはじまってからも楽な姿勢なので、入院中のベッドの上などでも。

ねこのポーズ

①手とひざを肩幅に開いて、よつんばいの姿勢になります。腕とももは床に対して90度の角度。息を吸いながら天井のほうを見上げるようにして、背中をそらせていきます。おへそを床のほうへ近づけるような気持ちで。

②次は反対に、息を吐きながら頭を腕の中に入れて、背中を丸めて手で床を押していきます。背中を十分に丸めましょう。息を吸って元に戻します。①～②を2回くり返します。

- 背中を丸めた姿勢は、分娩台の上でいきむときの姿勢でもあります。分娩台の上では天地が逆になりますが、おへそをのぞくように背中を丸めるとじょうずにいきめると言われています。骨盤が前後に自在に動くことを自覚しておくと、いきむときに丸めやすくなります。フリースタイルの場合には、いきむ姿勢は限定されません。

- 背中を柔軟にするので、腰痛の予防に。

スクワット

スクワット(しゃがむ姿勢)は、骨盤の出口を最大限に広げるポーズです。ブラジルのインディオの中には、伝統的にこの姿勢で出産してきた人たちもいます。赤ちゃんが通って出てくる骨盤や、骨盤底の筋肉をゆるめてくれます。

しゃがんでひざを開くポーズ

①足を大きく開いてしゃがみこんで座ります。合掌して、上半身を少し左右に揺らして、腰や股関節の様子を探ってみましょう。

②息を吸って、吐きながら、合掌の手を下ろして、両ひじで両ひざを押し開いていきます。自然な呼吸で、骨盤の出口が開いているのを感じます。ひと呼吸して、吸いながら戻していきます。2〜3回。

姿勢が安定するように、足の位置を工夫しましょう。かかとが上がらないように。

この姿勢をとると立つ姿勢に比べ、骨盤の出口が10%以上広く開きます。股関節が広がり、出産しやすい柔軟な骨盤になります。

骨盤に触ってみよう

自分の骨盤を確かめたことがありますか。ふだんは気にもとめていない骨盤ですが、もちろんどんな人の腰の中にも骨盤はしっかり入っていて、からだを支える重要な役目をしています。とくに妊娠中は大活躍。なにしろ、どんどん大きくなる子宮を10カ月間しっかり支えてくれるのがこの骨盤です。

骨盤は両サイドに広がる寛骨(かんこつ)と、脊椎につながる仙骨、その下の尾骨からできています。さらに寛骨は、腰骨と言われる腸骨、正面の恥骨、おしりの部分の坐骨と、パートによって名前がつけられています。中央は空洞になっていて、その空間を通り抜けて赤ちゃんが出てきます。

スクワットの姿勢で、自分の骨盤を確かめてみましょう。まず、恥骨に触ってみます。次に後ろに両手を回して、左右のおしりの骨の一番とんがっている部分(坐骨)に触ってみます。最後に尾骨(尾てい骨)に触ってみます。

もっと確かめてみましょう。恥骨は5～6センチほどの厚みがあります。恥骨の一番上の部分から膣のほうへ向かってその厚みをたどっていくと、恥骨の一番下の部分がクリトリスより下にあることがわかります。

そこから、もものつけ根の内側を、坐骨に向けて骨盤の弧をたどっていくことができます。坐骨まで触れたら、さらに坐骨

から尾骨までたどってみます。これは、おしりの肉におおわれている部分なので、わかりにくいかもしれません。

今たどった弧の内側が骨盤の空洞になっている部分です。そこを支えているのが骨盤底筋肉。実際に触ってみると、赤ちゃんの出てくる道がよくわかります。

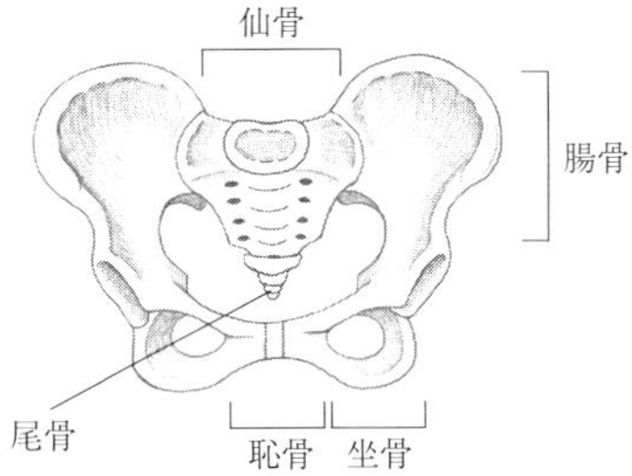

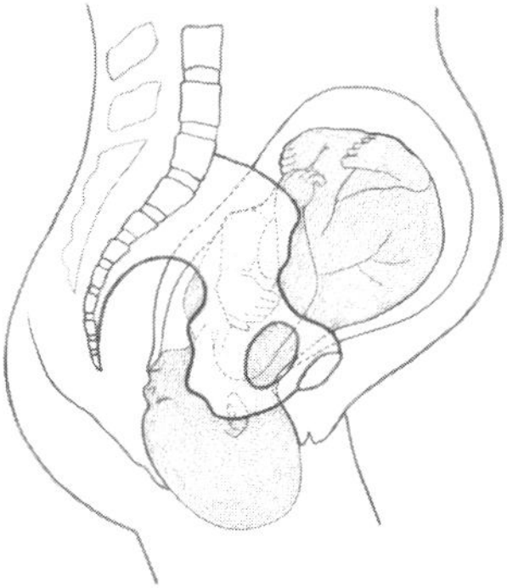

陣痛がはじまると、赤ちゃんは骨盤を通り抜けて出てきます。

骨盤底筋肉の運動

①しゃがんだ姿勢で、骨盤底筋肉の運動を行なってみましょう。自然な呼吸で。まず、便を止めるようなつもりで肛門を締めていきます。5秒間ほどキープしてから、ゆっくり肛門をゆるめていきます。5回くり返します。

②次に、膣を締めていきます。肛門と尿道口のあいだにある膣を、子宮口のほうへ引き上げる要領で締めていきます。ゆっくり締めて、5秒間キープして、ゆっくりゆるめていきます。5〜10回。

※骨盤底筋肉
骨盤の出口を支える筋肉。女性の場合は尿道口、膣、肛門の3つの穴があり、それを囲むように筋肉が8の字状になっています。お産のときはいっぱいに開いて、赤ちゃんが生まれてきます。

これは骨盤底の筋肉を柔軟にする運動です。肛門や膣を締めるときには、おなかには力が入らないように気をつけて。妊娠9カ月くらいから、毎日気がついたときに行ないます。

会陰を柔軟にして伸びやすくします。産後行なえば、ゆるんだ産道の筋肉を引き締める効果も。

立つポーズ

おなかが大きくなってくると、それを支えるために、背骨のS字カーブがより深くなります。おなかが前に突き出て、ねこ背になり、腰が少しそった状態です。こうした姿勢の変化が、腰痛や疲れやすさの原因になることも。背筋を伸ばして、スマートな姿勢をたもてば気分も爽快。

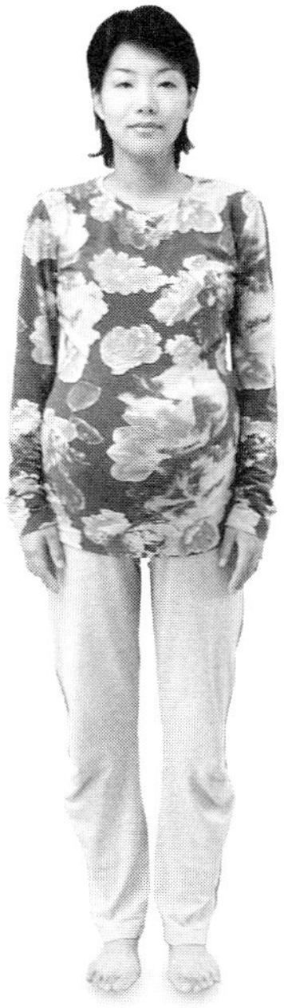

立つポーズをするために急に立ち上がると、立ちくらみがすることがあるかもしれません。姿勢を変えるときの動作はあくまでゆっくりと。くらくらしたり気分が悪くなったときは、横になって休みます。

立つ姿勢

①足を5センチ幅くらいに開き、まっすぐ立ちます。足は「ハの字」形ではなくて、足先からかかとまで平行に。体重を足の裏全体にかけます。胸をはって、肩の力を抜いて、まっすぐ前を向きましょう。背筋がまっすぐに伸びた姿勢は、横から見ると足首、腰、肩、耳が一直線になっています。

この姿勢の感覚を覚えて、ふだんもできるだけこの姿勢をたもつようにします。

背筋が伸びて、おなかの負担や緊張をとります。腰痛予防。気分も爽快に。

腰回し

①両足を50センチほど開いて立ち、腰に手を当てて、腰をゆっくり回していきます。左右、数回ずつ。

●→ 痛みを感じないか、ひっかかりがないかどうか感じながら、気持ちよく回します。

❤ 腰の緊張がとれて、腰痛の緩和に。陣痛がはじまってから行なうと、重力によって胎児が下がるので出産の進行を助けます。

合掌ストレッチ

①両足を5センチほど開いて、まっすぐに立ちます。肩の力を抜いて、胸の前で合掌し、親指を交差させます。

②まず息を吐いて、吸いながら合掌を上げ、腕で耳を挟むように伸ばしていきます。気持ちよく伸びたら、息を吐いて、ゆっくりと合掌を下ろしていきます。胸の前まで合掌を下ろしたら、ひと息、ゆったりとした呼吸をします。

●サイド・ストレッチ

①両足を5センチほど開いて、まっすぐに立ち、肩の力を抜いて、親指を交差させて合掌します。息を吐いて、吸いながら、合掌を上げて腕を伸ばしていきます。

②両手を揃えたまま、息を吐きながら上半身を左に倒していきます。息を吸いながら、ゆっくり正面に戻します。左右に2回ずつくり返します。正面に戻ったら、息を吐いて、ゆっくりと合掌を胸まで戻します。

上半身が前のほうに倒れないように、真横に倒します。わき腹が気持ちよく伸びているのを感じます。

わき腹や背中が伸び、背骨が柔軟になります。肩や胸がほぐれ、肩こり解消に。

ねじりのポーズ

①両足を60センチくらい開いて立ちます。息を吸いながら、両手を真横に上げます。両手が床と平行になるように、手先までまっすぐに伸ばします。

②首を右に向け、右の手先を見ます。息を吸い、次に吐きながら、手先を見たまま右後ろへ上体をねじっていきます。止まったところで、自然な呼吸でしばらくそのポーズをたもちます。一番ねじれているところ、痛いところを感じましょう。息を吸いながら、上体のねじりを戻し、吐く呼吸で、ゆっくり両手を下ろしていきます。左右、2回ずつ。

- ひざやひじが曲がらないように。ねじった方向と反対側のかかとが上がらないように気をつけます。この姿勢は、自分が感じている以上に、かかとから顔まで、全身がねじれています。全身をゆっくりとねじることで、胎児へ負担はかかりません。
- ねじれた部分の緊張をほぐし、柔軟にします。消化を助け、便秘解消にも。骨盤のゆがみが矯正され、全身に活力がみなぎってきます。

スクワット

①両足を60センチくらい開いて、しっかりと立ち、肩の力を抜きます。

②息を吸って、吐きながら、腰を真下に落としていきます。無理しないで、自分のできるところまで下ろします。息を吸いながら、ひざを伸ばし、元に戻します。5～10回ほどくり返して、最後にゆったりと深呼吸して呼吸を整えます。

両手はももの前にぶら下げるか、太ももに置くように。

腰を落とす体操は、相撲でいうソンキョ。骨盤を開き、脚腰を強化させます。

三角のポーズ

①両足を60センチくらい開いて立ちます。肩の力を抜きましょう。息を吸って、吐きながら、腰を真下に落としていきます。

②左のひじを左ひざにのせて、息を吸いながら、右手を垂直に天井のほうへまっすぐ上げます。さらに息を吐きながら、上半身を左に倒していきます。上半身が前かがみにならないように、まっすぐ横に倒すように気をつけます。ひじと手首もまっすぐに。自然な呼吸で5～10秒ほどその姿勢をたもちます。

③息を吸って、腕を上げたまま上半身をまっすぐ正面に戻しながら立ち上がります。息を吐きながら、腕を伸ばしたまま真横からゆっくり下ろしていきます。左右交互に2～3回くり返し、最後は深呼吸をして呼吸を整えます。

● 慣れるまでは、ちょっとした体力が必要です。息が切れないように無理をせず行なってください。左右一回ずつからはじめ、慣れてきたら2～3回に。

♥ ソンキョの効果プラス、脇を伸ばし背骨が柔軟に。

武将のポーズ

①両足を60センチほど開いて立ち、右足先を右に向け、左の足は正面に向けます。両手を床と水平に上げます。

②右を向き、息を吸って、吐きながら、右ひざを曲げます。自然な呼吸で数秒たもってから、息を吸いながら①の姿勢に戻り、腕を下ろします。足をかえて、同じようにくり返します。左右1～2回。

上体が前かがみにならないように、床に垂直にたもちます。

脚腰を強化して、腰痛予防と解消に。後ろの脚のふくらはぎとアキレス腱を伸ばして、こむらがえりの予防に。

椅子や壁をつかったポーズ

背筋や腰が伸ばしにくいとき、からだがぐらぐらしてバランスがとりにくいときなどは、椅子や壁を支えに使うとすっきりストレッチすることができます。壁を利用するときは、からだが家具や荷物に当たらないように、ある程度のスペースを確保した場所で。

木のポーズ

①椅子の正面に右横向きに立ち、右足を椅子の上にのせます。胸の前で合掌します。

②息を吸いながら、ひじを伸ばして合掌を上げていきます。自然な呼吸で10秒ほどたもち、息を吐いて戻します。反対を向き、左足をのせ、同じように。左右1～2回ずつ。

椅子は、足をのせたときにひざが直角になるくらいの高さのものを選びます。前かがみにならないように、木のようにまっすぐ上に伸びます。

背中と背骨が伸び、すっきりした気分に。

アキレス腱ストレッチ

①椅子の後ろに立ち、両手を背もたれに添えて、左足を一歩後ろに下げます。

②息を吸って、吐きながら右ひざを曲げ、上体を落として、左の脚の裏を伸ばします。自然な呼吸で、伸びている左のふくらはぎとアキレス腱を感じます。息を吸って戻します。1～3回。反対の脚も同じように。

- 伸ばした脚のひざが曲がらないように。肩や腕に力が入らないように気をつけて。
- こむらがえりの予防に。

スクワット

①椅子の背もたれから50センチほど離れた位置に立ち、両足を開きます。両手を背もたれに添えましょう。

②息を吸って、吐きながらしゃがみこんでいきます。両足のかかとはしっかり床につけます。息を吐ききったら、ゆっくり吸いながら腕で上体を支えて立ち上がります。呼吸を整えて、2〜3回くり返します。慣れてきたら5回まで回数を増やしていきます。

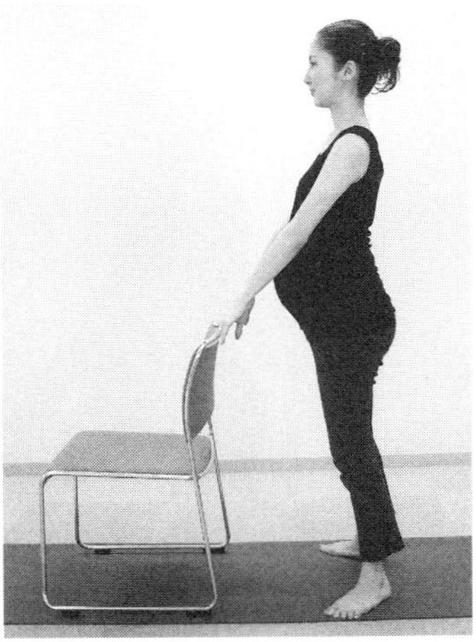

前かがみにならないように注意。

脚腰を鍛え、骨盤が開きやすくなります。

壁をつかった開脚

①壁に沿って仰向けの姿勢で寝て、ひざを立てます。
②からだをずらせて壁に直角に向き、両脚を垂直に上げます。
③息を吐いて、脚を開きます。自然な呼吸で1～3分ほどたもちます。
④息を吐きながら、両ひざを曲げ、自然な呼吸で少し休みます。また、③をくり返します。2回。

この姿勢は重力の助けを借りられるので、通常の開脚より、自然に脚が開くようになります。背中が床に当たって気になる場合には、腰や背中の下に毛布やマットを敷きます。

脚の裏が伸び、股関節が柔軟になります。脚の血液循環がよくなるので、むくみの予防と解消に。一日の疲れをとってくれます。

COLUMN

逆子治しのポーズ

逆子は妊娠28週くらいでわかることもありますが、この時期はまだおなかの中で姿勢が決まっていないために、全体の20%くらいの胎児が逆子になっていると言われています。

逆子は自然に治る場合もありますが、そのまま出産まで治らずにいると、病院によっては帝王切開になることもあります。30週～32週くらいのあいだに治しておきたいもの。ポーズを毎日とることも効果的ですが、まずはおなかの中の赤ちゃんに「頭を下にするのが正しい姿勢。このまま頭を上にしていると、生まれるのが大変になってしまうから、頭を下にしてくれたほうがうれしいなあ」とお願いしてみましょう。これがあんがい効くものです。

マタニティ・スイミングではプールの中で逆立ちをして治すこともあります。マタニティを専門に診ている鍼灸師によるツボ治療もあります。

①頭を枕の上にのせて、仰向けになります。積み上げて高くしたクッションの上に腰からひざをのせ、腰を胸より高い位置に上げます。ゆったりとした自然な呼吸で、このまま5～10分ほどたもちます。

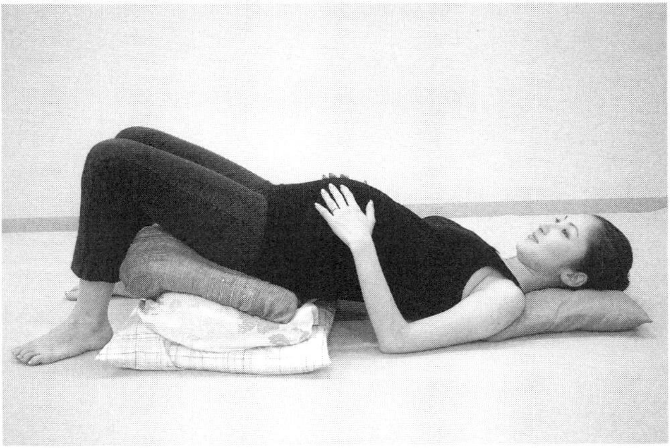

腰をおなかと胸より高くすることで、胎児が逆さに戻ることを促します。毎晩、寝る前などに。苦しくなったら無理をせず中止します。

4

リラックス、呼吸法、瞑想

エクササイズをしたあとは、リラックスと呼吸法、瞑想を。
ゆったりと呼吸をして、からだをリラックスさせれば、
おなかの中の赤ちゃんも安心に包まれるはず。

● ポイント
❤ 効果

リラックス

からだを動かしたあとは、横になってリラックスの時間をとります。仰向けの姿勢が苦しい場合には、横向きでひざを曲げた姿勢や、自分が一番楽な姿勢で。小さめの枕やクッションを、頭やひざの下におくと楽になります。

静かであたたかな場所を選び、目を閉じて、からだ全体をゆるめます。

リラックスは、これまでに動かしてきた筋肉や骨格の変化をからだに刻みこませるための大切な時間。からだのすみずみの筋肉がゆるんで、言葉にならない感覚を味わうかもしれません。ゆったりとした呼吸をしながら、頭をボーッとさせます。吐く呼吸ごとに、からだから力が抜け、緊張がほぐれていくのを感じます。

お気に入りの音楽を小さな音量で流すと、気持ちよくリラックスできるという人もいます。ヒーリング・ミュージックのほかに、川のせせらぎや波の音、小鳥のさえずりなども。

お気に入りのアロマ・オイルもリラックスを誘います。部屋が明るい場合には、ブラインドやカーテンを落として薄暗くすると、リラックスしやすいかもしれません。

アロマ・オイル／ベルガモットやオレンジ、ローズウッド、サンダルウッドの中からひとつを選び、1～2滴をアロマポットに。

ボディ・スキャン

全身の力が抜けたら、目を閉じたまま、からだの各部分をスキャニングするように、意識して感じていきます。

まず、両足先を感じます。感じてから、力を抜きます。力を抜くときは、その部分を少し動かして床になじませるようにすると、ゆるみやすいかもしれません。次に、ふくらはぎを感じて、力を抜きます。同じ要領でひざ、太もも、おしりと、順番に。

次に、骨盤をイメージしてみましょう。骨盤をふわっとさせて、おなか全体の力を抜きます。

その次は、手です。両方の手のひらがふわんとあたたかくなっていくのを感じます。ひじをゆるめて、肩の力を抜きます。首、口元、ほっぺた、ひたいを順番にゆるめて、最後に頭の中をぽっかりとさせます。

そのときあなたは全身から力が抜けて、とても満たされたリラックスした状態です。そのまま5～10分、リラックスを楽しみましょう。

リラックスのとき、はじめのうちは眠くなってしまうかもしれません。だんだん慣れてくると、眠りに落ちる前のような気持ちのいい感覚の中で、頭もからだもぼわーっと漂わせながら、感覚は研ぎすまされて覚醒していることができるようになります。

ボディ・スキャンは、からだの各部分を確認し、意識的にゆ

るめていく作業です。練習するうちに、どこが緊張しているのか、どうやって力を抜けばいいのか、わかるようになっていきます。それはからだを自分でコントロールするということ。お産のときも、陣痛の合間にリラックスができるようになります。自分のからだのことがだんだんとわかるようになると、出産や育児への自信もわいてくるはず。

胎児を感じよう

ボディ・スキャンが終わって、十分にリラックスができたら、目を閉じたまま、おなかの中の赤ちゃんを感じてみましょう。ゆったりとした呼吸をしながら、子宮全体をイメージして、子宮の袋をふわっとゆるめてあげます。おなかの中の赤ちゃんを、羊水に気持ちよく浮かべてあげるようなイメージで。

赤ちゃんの手や足や、顔を具体的にイメージしてもいいですし、何を感じているのか想像するのも楽しいものです。子宮全体があたたかい光に包まれて、大きな愛に守られているとイメージしてもいいかもしれません。頭の中をほんわかさせて、気持ちよさを味わいます。

リラックスをしているとき、胎児が動くという人もいます。赤ちゃんもゆったりとして、気持ちがいいと感じているのかもしれません。

胎児と母親はボディだけでなく、心もつながっています。母親が緊張したり不安に感じていると、赤ちゃんはそれを感じとります。母親がゆったりとしていると、赤ちゃんの気持ちもゆったりと落ち着いて、おなかの中できっとリラックスしているはず。

ふだん時間に追われて、おなかの中の赤ちゃんのことを感じてあげる暇がないという人はとくに、ゆっくりと時間をとって赤ちゃんを感じてあげたいもの。

ゆっくり伸びをして元に戻す

　リラックスの最後は、急に起き上がったりしないで、ゆっくり時間をかけて元の状態に戻していきます。

　まずゆっくりと足先を動かして、次に手先を動かし、それから顔を左右に動かします。目をパチパチさせて、意識の焦点を合わせていきます。

　両手を上に伸ばして、あくびをしながら全身でゆっくり伸びをしましょう。からだを少しずつ動かしながら、ボーッとした状態を味わって、起き上がる姿勢(p49)で、ゆっくりとからだを起こしていきます。

　頭がボーッとしたこの感覚は、瞑想のときの意識状態によく似ています。

　強い不安を感じたりストレスがたまると、からだは敏感に反応して、胃が痛くなったり、自律神経のバランスを崩してしまうことがありますが、それと反対にリラックスのあとの脳はストレスが抑えられ、とても穏やかな状態になっています。こうしたとき、からだは本来もっている健康的な働きをします。

　お産のときも同じように、不安や緊張が強いとそのせいで陣痛本来の働きが鈍ってしまうことがあります。こころとからだのリラックスが、お産をよりスムーズなものに導いてくれるのです。リラックスは、からだにストレスのない状態を覚えさせる練習です。

呼吸法

酸素をとり入れ、二酸化炭素を出す、吸って、吐いての呼吸は、生まれた瞬間から死ぬまで止むことなく続けられています。生きていく上でかけがえのない呼吸ですが、ふだんは気にすることなく無意識のうちに行なわれているもの。

呼吸は、驚いたときや緊張しているときなどには、浅くなったり速くなったりしています。反対に、リラックスしているときにはゆっくりと深くなっている。無意識に呼吸をしていても、こころと密接な関係があることがわかります。

これを意識的に行なうのが「呼吸法」。呼吸を意識的にコントロールすることによって、気持ちをゆったりさせていくのです。

マタニティ・ヨーガのエクササイズは、呼吸をしながらからだを動かしますが、これも呼吸法のひとつ。ふだんの呼吸よりゆったりしているので、マタニティ・ヨーガをしていると気分が落ち着いてくるのは、呼吸の効果でもあります。

とくにマタニティの場合は、おなかの中の赤ちゃんのためにも呼吸をしていますから、ゆったりと深い呼吸は胎児へ酸素をいっぱい送ることになります。また、呼吸法をからだで覚えておくと、お産のときに落ち着いた呼吸ができるようになります。

呼吸を感じる

あぐらの姿勢で座り、背筋を伸ばして、肩の力を抜きます。椅子に座って行なう場合には、足を開いて床につけ、背もたれによりかからずに、安定した姿勢で背筋を伸ばします。

目を閉じて、呼吸を感じてみましょう。とくに意識して呼吸をコントロールすることはありません。出たり入ったりする息が鼻の穴のまわりで、スースーするのを感じます。息が静かに鼻から入って、鼻腔を通って、肺に入り、また鼻から出ていく、その循環を感じてみます。

● 呼吸は鼻から吸って鼻から出します。意識していっしょうけんめい吸ったり、吐いたりする必要はありません。吐く息といっしょに、緊張を出していくようなつもりで、全身をリラックスさせます。

♥ こころとからだがリラックスし、安定した気分になります。酸素が十分にとり入れられ、胎児にも送られていきます。

腹式呼吸

あぐらの姿勢か、椅子に座った姿勢で、腹式呼吸をしてみます。おなかに手を当てるとわかりやすいかもしれません。

鼻からゆっくり息を入れて、そのまま胸を通って、おなかのほうまで息を入れます。このとき、少しおなかがふくらみます。ゆったり息が入ったら、ゆっくりと鼻から出していきます。息を吐くと、おなかが少しへこみます。

はじめのうちはわかりにくいかもしれませんが、だんだんとうまくできるようになります。多くの人がふだんは胸式呼吸をしていますが、腹式呼吸をすると呼吸がさらにゆったりとして、気分が落ち着いていきます。

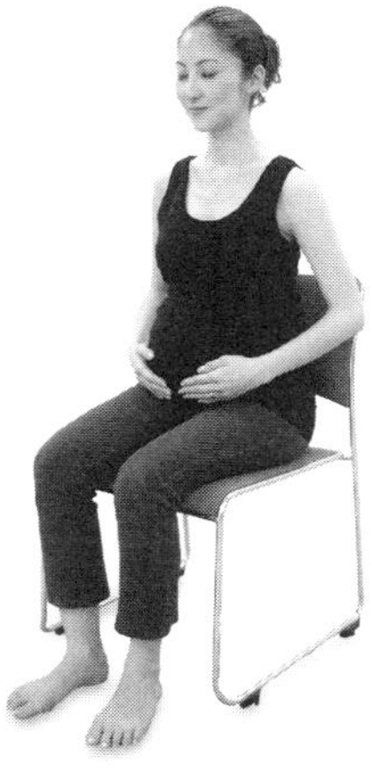

いっしょうけんめい吸い上げたり、吐き出す必要はありません。自然に入ってくる、自然に出ていく、という感じで。吸う息はあまり意識しないで、吐く呼吸を意識するようにします。

瞑想

瞑想というと、「なんだか難しそう」と思うかもしれませんが、ようするに頭をぽかーんとさせること。ボディ・スキャンをしたあとも、深くリラックスできれば頭はかなりボーッとした状態になっているはず。そのときの感じは、眠りに落ちる前のような感覚で、瞑想に近い状態です。その頭がボーッとした感じを、座った姿勢でやってみます。

リラックスしているとき、呼吸はゆったりとしています。交感神経が抑えられ、副交感神経が優位になる。別の言い方をすると、知識や情報を処理する意識的な脳より、内臓などを司る無意識の脳が活発になるので、からだの各機能は本来の健康な働きをとり戻します。ストレスが少なくなり、こころが穏やかになるのも瞑想の効用です。

あぐらの姿勢か椅子に座って、背筋を伸ばします。肩の力を抜いて、目を閉じます。手はひざでも、正面でも楽なところに置きます。

まず、呼吸を感じてみましょう。呼吸がしだいにゆっくりと深くなっていき、ひと息吐くごとにこころが落ち着いていくのを感じます。

胎児瞑想

呼吸を感じたあとは、ゆったりとした自然な呼吸で、おなかの赤ちゃんを感じてみましょう。瞑想にはいろいろなやり方がありますが、何かに集中することもそのひとつ。おなかの中の赤ちゃんを感じることは、マタニティの時期だけのスペシャルな瞑想法です。

骨盤をイメージして、ふわっとゆるめていきます。こんどは子宮全体をイメージして、ゆるめます。羊水にやさしく浮かんでいる赤ちゃんを感じましょう。

あなたと赤ちゃんがひとつになって、宇宙全体に広がっていくような感覚をイメージしてみます。

胎児は気持ちよく羊水に浮かびながら、すやすやと眠ったり、夢見心地だったり。お産が近くなると子宮のスペースはほとんどなくなって、浮かんだ状態ではなくなりますが、それでも暗くあたたかい子宮の中で、ボーッとしているはず。母親が瞑想すると、胎児もふんわりおなかの中で気持ちよくしていることができます。

頭ぽか～ん

頭をぽか～んとさせると言っても、意識してしまうとかえってうまくいかないもの。頭で「瞑想しよう」と考えるのではなく、呼吸やおなかの中の赤ちゃんをただ感じながらボーッとします。

忙しい毎日の中で、脳はフル回転をして休むことはあまりありません。だから、そんな頭をぽっかりとさせて、胎児といっしょに何もしない時間を味わって「気持ちいいなあ」と感じることはとても贅沢。それは、おなかの中の赤ちゃんの時間にシフトすることかもしれません。

瞑想は、おなかの中の赤ちゃんとコミュニケーションする時間です。あなたは胎児にとって宇宙そのもの。安らかな気持ちで胎児を思うとき、赤ちゃんはきっとやさしく守られている安心を感じるにちがいありません。

マタニティ・ヨーガメニュー

●…15分コース
◎…30分〜1時間コース
○…必要に応じて加えるポーズ

腰上げ
足先を伸ばすポーズ
リラックス
腰回し
ねこのポーズ
スクワット
骨盤底筋肉の運動
立つポーズ
腰回し
合掌ストレッチ
ねじりのポーズ
スクワット
スクワット
三角のポーズ
武将のポーズ
木のポーズ
アキレス腱
ストレッチ

5

ごく楽タイム

エクササイズだけでなく、生活の中にも、
からだとこころをほぐす方法はたくさんあります。
マッサージやほんわかバスタイムなどで、
疲れを癒してリラックス。

ポイント
効果
注意

マッサージ

セルフ・マッサージ

手は「魔法の杖」と言われるほど、いろいろな力をもっています。手当てと言われるように、手を当てただけで痛みが治まっていくこともありますし、あたたかいタッチはからだだけでなくこころもほぐし、癒してくれます。

マッサージにはいろいろな方法があります。指をつかって指圧のように押す、手のひらでやさしく揉みほぐす、オイルをつかってなでなでするなど。セルフ・マッサージというと聞き慣れないかもしれませんが、毎日鏡を見ながらの基礎化粧のお手入れは、立派なマッサージ。皮膚の血行をうながし、弾力性を維持してくれます。

オイルをつかって自分でマッサージをするのも気持ちいいもの。日々変わっていくボディを鏡にうつして眺めていると、父親にはわからない母親だけが味わえる誇らしげな気分がフツフツと湧いてきます。

おなかをなでると、手にあなたの気持ちがのせられて胎児に伝わります。赤ちゃんはそれを感じて、ぽこっと反応するかもしれません。母親の気持ちよさ、幸せ感が、胎児にとって一番の環境です。

足

① 右足を左のももの上にのせるか、恥骨のほうへ引き寄せます。右の足の裏を、両方の手のひらと指で揉んでいきます。痛いところや、冷たいところがないかどうか、手で確かめてみましょう。

② 両手の親指、人さし指で、右足の親指と人さし指をもち、息を吐きながら指と指のあいだを開いていきます。前後に交差させながら、痛いくらいきっちりと開きます。指をかえて順々に。

③ 左手の親指と人さし指で、右足の親指の根元をもち、しごくように指先までマッサージしていきます。指をかえて、5本とも同じように。

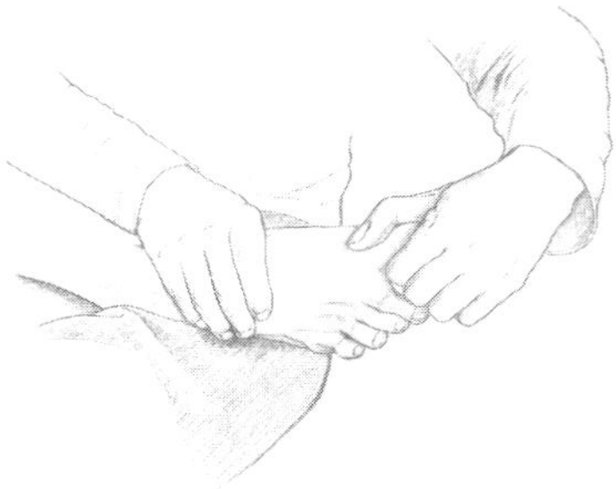

お風呂の中やお風呂上がりなどにも。気持ちのいい力加減で。

冷えやむくみの予防。

おなかとおしり

オイルをつかって、おなかやおしりをマッサージすると、だんだん膨らんで伸びていく皮膚を柔軟にすることができます。

手のひら全体に十分にオイルをつけて、左右の手をこすり合わせます。おなかは、両手をみぞおちに軽くあて、おへその上を通って下へなで、手を左右それぞれのサイドからみぞおちに向かってなで上げます。半円を描くように。下腹から、反対回りも。おしりはもものほうからなで上げたり、丸くマッサージします。

妊娠線は、皮膚が伸びて表面が割れることによってできるもの。おなかやおしり、ときには急に大きくなったおっぱいにできることも。マッサージしておくと皮膚が伸びやすくなって、できにくくなるかもしれません。妊娠線は消えることはありませんが、産後は目立たなくなります。

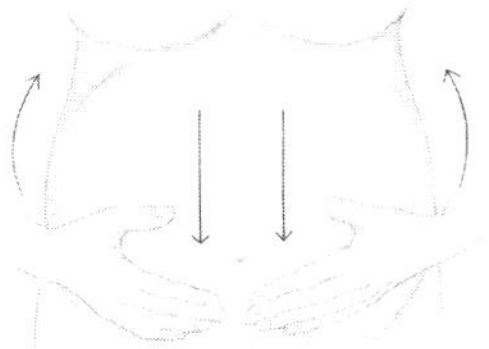

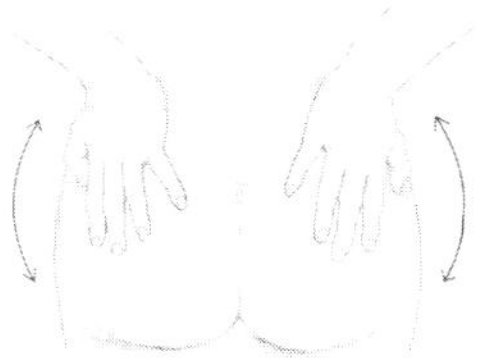

マッサージオイル／アーモンドオイルか、ホホバオイル60ml に、ラベンダー、ローズ、マンダリンのエッセンシャルオイルから１種類を選び、１～2滴加えます。ネロリを1滴入れたオイルは、皮膚を柔軟にし、妊娠線を予防する効果があります。

- おなかが大きく目立ちはじめる6カ月ごろから。やさしくふんわりしたなで方で。
- 妊娠線の予防。胎児とのコミュニケーションに。
- 妊娠中は使用しないほうがいいエッセンシャルオイルがあります。マタニティ使用が可能なオイルの中から、自分が心地いいと感じるものを選びましょう。

ふたりでマッサージ

からだというのはとても正直なもの。嫌いな人や知らない人に触られると身の毛がよだつほどいやなのに、好きな人に触ってもらったり抱いてもらうと、からだは喜びます。親しい人からのタッチやハグで、緊張がほぐれることはよくあること。

パートナーの手を握ったり、肩をよせあったり、抱きあったりすると、気持ちのいい感覚がからだ中に広がっていくのがわかります。それは、セックスとはまた違う満たされた感覚。リラックスしてからだがゆるんだ状態です。

妊娠中、パートナーにマッサージしてもらうことは、血行をうながして冷えやむくみの予防になるばかりでなく、パートナーにとっては、おなかの中の赤ちゃんとのコミュニケーションをとる時間にもなります。

ふだん忙しくてなかなかゆとりのないふたりも、マッサージタイムで、おなかの中の赤ちゃんとのゆったりした時間を楽しみたいもの。

お産のときも、パートナーのマッサージは、痛みの緩和やリラックスに効果的。妊娠中のマッサージが、お産のとき必ず役にたちます。

足

①彼のももの上に足をのせて、足の裏全体をマッサージしてもらいましょう。かかとのまわりも。

②ふくらはぎの下に両手を入れてもらい、ひざ裏からアキレス腱のほうへマッサージ。逆にアキレス腱のほうから、ひざ裏までなであげるようにも。5～10回ほど。

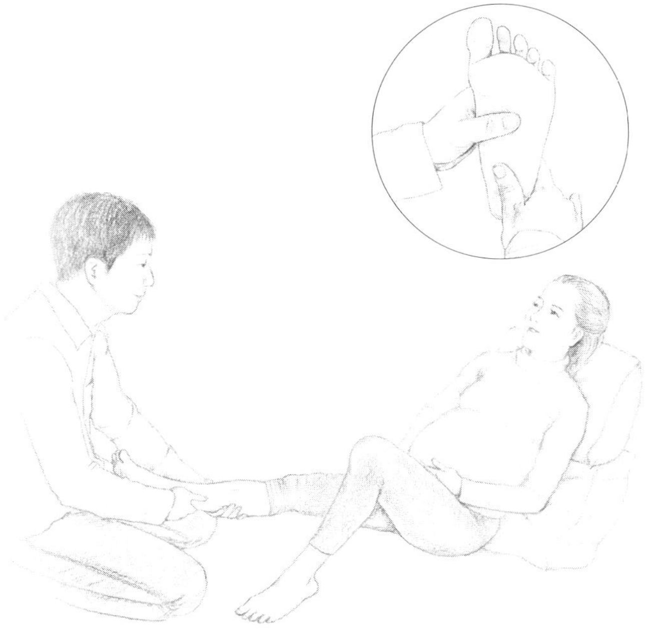

脚が少しむくんでいる場合には、下から上へそっとなでます。むくみが強い場合には、医師に相談を。

脚のむくみ、こむらがえりの予防。

おなか

仰向けに寝た姿勢か、それが苦しい場合には横を向いて片ひざをクッションにのせた姿勢で。パートナーはオイルを手につけておなかをなでます。両手をみぞおちあたりに当てて、脇から下腹に向けてなでます。下腹からおへその上を通って、みぞおちまでなで上げます。

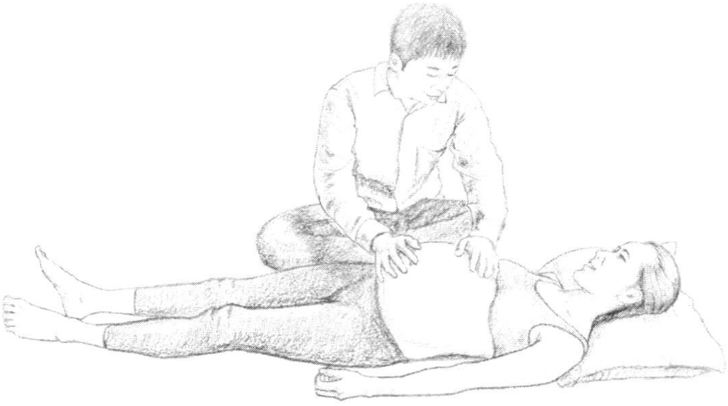

横向きの姿勢の場合には、片側をなで、反対側をなでるときには向きを変えます。

リラックス。父親にとっても、おなかの中の赤ちゃんとコミュニケーションがとれる楽しい時間に。

背中

横向きの楽な姿勢で。パートナーは両手をウェストの後ろに置き、両手の親指を背骨の両脇にあてて、手のひら全体をつかって、背中を上に向かってなで上げます。数回。腰からおしりにかけても手のひら全体でなでます。

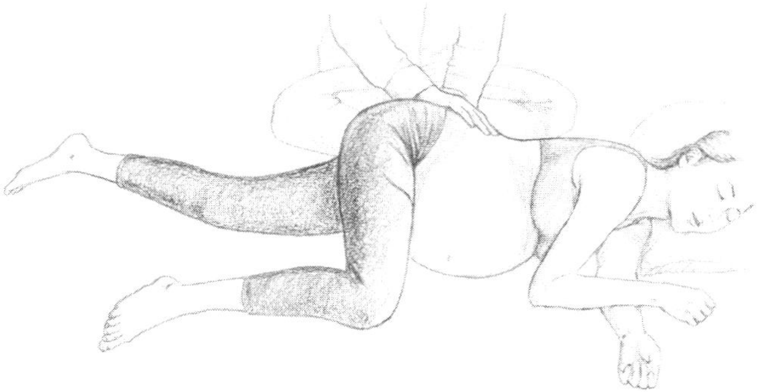

あまり力を入れずに、パートナーが気持ちがいいと感じるタッチで。どんな感じがするか聞きながら。

腰痛の緩和。腰周辺の血行促進。

バスタイム

バスタイムは、はだかになって自分のからだを見て、触れて、確認できる幸せな時間。お気に入りの石鹸やシャンプー、入浴剤を用意して、たっぷりとくつろぎたいもの。ぬるめのお湯につかって、頭をぽかーんとさせてのんびりすれば、ストレスも解消。

アロマバス

バスタブに好きな香りのエッセンシャルオイルや入浴剤を入れると、リラックス気分は倍増。長湯は苦手という人も、ぬるめのお湯でゆったりと。音楽をかけたり、本をもって入ったり、バスルームを暗くしてローソクを立てて演出すると、あわただしい日常を忘れリラックス気分にひたれます。瞑想してもいいし、腕やふくらはぎ、足、足の指などをやさしくマッサージしても気持ちがいいもの。

肌を包むお湯の温度、全身にかかる水圧、お湯の流れなど、全身でお湯を感じてみます。

リラックス、冷えの予防と緩和。

足湯

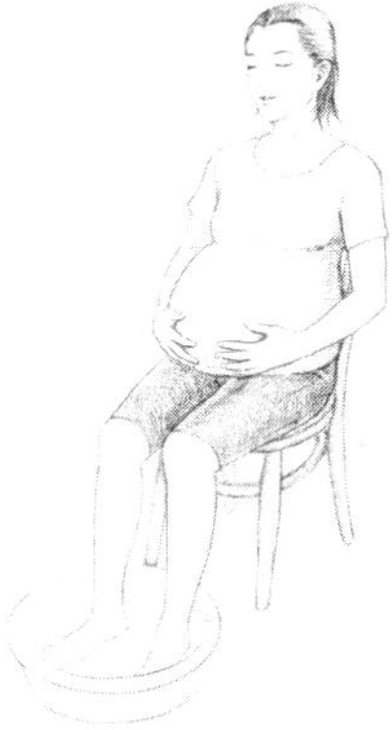

冷え症の人は、足湯や腰湯がおすすめ。夜寝る前に、冷えてしまった足をあたためると、ぐっすり眠れます。38～40℃のお湯を洗面器やバケツに入れて、くるぶしより少し上までひたるようにします。５～10分ほど。足が赤くなったら、出します。お気に入りのエッセンシャルオイルを入れても。

寒くないように、ひざから上はしっかり着て。お湯が冷めてきたら、熱いお湯を足しながら。

足の血行をよくし、冷え症を緩和。むくみ、おなかの張り予防に。

腰湯

腰が冷えている人は、下半身だけ湯船につかる腰湯を。上半身は冷えないように、季節に応じてTシャツやトレーナーなどを着たまま入ります。汗が吹き出し、全身があたたまっていきます。ぬるめのお湯で10～15分ほど。

お風呂場全体をまずあたためておいてから。

脚腰の冷えの緩和。おなかの張り予防に。

ウォーキング

マタニティ・ヨーガは、出産に向けてからだを整える効果がありますが、もう少し運動量の多いエクササイズをとり入れると、運動不足の解消になります。マタニティ向けには、水泳やマタニティビクス、ウォーキングなどが一般的。とくにウォーキングは自分で手軽にできるエクササイズ。毎日の散歩は、おなかの中の赤ちゃんと過ごす楽しい時間にもなります。

スニーカーなど、ヒールのない、底がしっかりした歩きやすいシューズを選びます。できれば何ももたずに、買い物などとは別に時間をとりたいもの。最初は20分ほどからはじめて、だんだん時間と距離を延ばしていきます。歩くことは、自分の体調や気分に合わせて、疲れたら休むことができます。無理をせず、からだの様子を感じながら自分のペースで。

背筋を伸ばして、肩の力を抜いて、まっすぐ前を見て歩くと気分も爽快。早足でなくてかまいません。万歩計をつけて、目標をつくってせっせと歩くこともひとつの方法ですが、何も目標をもたずにぶーらぶら歩くほうが、頭をぽか～んとさせることができます。到達点や道順を決めてもいいし、決めなくてもいい。その日の気分でぶらぶらする時間はとても贅沢です。

忙しい毎日の中で、そうした時間をとることは難しいという人は、通勤や買い物の途中に、バスの一区間ほどを歩いてみて

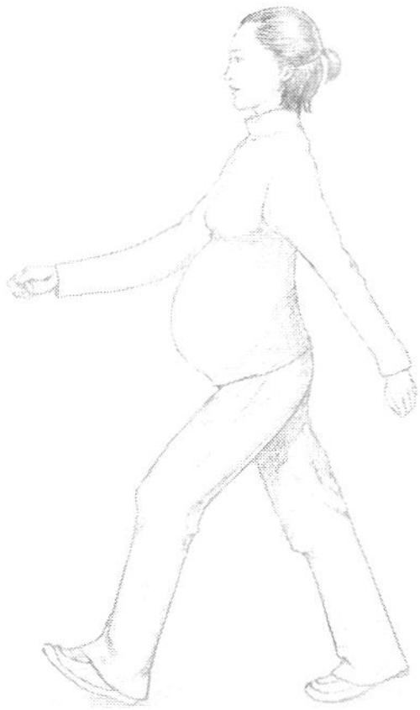

は？　いつも車で移動している人はとくに、時間をとって近所を散策してみましょう。

脚のむくみは運動不足によることが多いのですが、すでにむくんでしまっている場合には、長く歩くとむくみがひどくなることがあります。そうしたとき、ウォーキングはおすすめできません。歩いてみて、脚の様子をみながら、だるくなったり、むくみがひどくなるような場合には中止します。

むくみだけでなく、腰痛やおなかの張りなど、自分のからだの調子に応じて、休んだり、またはじめたり。「自分のからだにききながら」がセルフ・エクササイズの基本です。

6

産後のエクササイズ

産後は赤ちゃんといっしょに楽しくヨーガを。
赤ちゃんは、おなかの中でヨーガをやっていたことを
きっと覚えているはずです。

ポイント
効果
注意

産後のエクササイズ

わくわく期待していた出産が終わり、ほっとひと息できるかと思っていたら、休むまもなくすぐに赤ちゃんの世話や授乳がはじまります。妊娠中「出産はゴール」と考えがちですが、実はそこからがはじまり、なのです。

とはいえ出産は、からだにとっては大仕事。産後は、思った以上に疲れが残っています。できれば退院後2週間ほどは、赤ちゃんの世話に専念してゆっくり休みたいもの。

からだの調子がよく、妊娠中と同じようにからだを動かしたいという人は、退院したころから、軽いストレッチや骨盤底筋肉の運動をはじめることができますが無理は禁物。会陰切開の傷に痛みがある人は、傷の痛みが癒えたころからゆっくりはじめましょう。

マタニティの時期に慣れ親しんだいくつかのポーズは、産後の1カ月健診が終わり出血がなくなったころから、からだの状態を自分で判断しながらはじめることができます。帝王切開で出産した場合には、医師に相談した上で、6週間ほどたってからはじめます。

産後のヨーガは、出産で開いた骨盤を左右対称に、正常な状

態に戻す手助けをしてくれます。また、産後のたるんだおなかの筋肉を引き締めるのにも効果的。骨盤底筋肉の運動は、出産のとき伸びた会陰部や膣を元に戻し、首や肩の体操は、授乳でこりがちな筋肉をほぐします。

産後のヨーガもマタニティのときと同様に、ゆっくりした動作で。からだの動きと呼吸を合わせます。

赤ちゃんの世話で忙しく、マタニティのときのようにまとまった時間がとりにくいかもしれません。赤ちゃんのお昼寝タイムや、夜寝静まったあとなどに、からだをほぐす簡単なエクササイズからはじめます。

赤ちゃんといっしょのヨーガは、生後3カ月くらいになり、首が座ったころから。ベビーマッサージは、生後2カ月ほどたったころからできるようになります。

エクササイズは、赤ちゃんのおなかが満たされ、母と子がともにゆったりできる時間帯を選びます。10〜15分間ほど。できれば毎日続けたいものですが、赤ちゃんの機嫌と体調をみながら、無理せずに。ぐずったり、泣き出した場合には抱いてあやしてあげてください。

産後1週間目から

ウォーミングアップ

首、足、肩、手

＊23～28ページを参考に。

　これらの体操は、入院中ベッドの上でも行なうことができますが無理は禁物。

➡ 自分に準備ができたとき、からだを動かしたいと感じたときからはじめます。

❤ 各部分の血行をうながし、産後の体力の回復に。首や肩を回す体操は、赤ちゃんを抱いたり授乳することで、こりやすくなっている筋肉をほぐします。

骨盤底筋肉の運動

＊58ページを参考に。

　骨盤底を引き締める運動は、出産で開いた膣や産道を元に戻してくれます。会陰切開の傷のあとが気になったり、膣の形が変わってしまったのではないかと不安なときには、早めに医師に相談した上で、この運動を続けます。会陰のトラブルは、産後のセックスに影響することも。

➡ 会陰切開をした人は、傷の痛みが癒えてから。

❤ 膣や産道を元の状態に戻します。尿もれの防止に。

ねこのポーズ

＊52～53ページを参考に。

妊娠中おなかを支えてきた背骨は、産後急に元に戻ろうとします。ねこのポーズで骨盤と背中を柔軟に。

- 最初のうちは無理をせず、動かしながらからだの様子を探っていきましょう。
- 骨盤、背骨周辺を柔軟にし腰痛を予防。

リラックス

＊81ページを参考に。

リラックスは、産後にこそ必要なことかもしれません。赤ちゃんが眠っているあいだ、仰向けの姿勢で大の字になって、からだ中の筋肉の力を抜いてリラックスしてみましょう。

- あたたかく、十分にからだをのばせる場所で。からだをしめつけるものをはずして5～10分。ゆったりした呼吸で。
- 寝不足でつかれたからだと頭をすっきりさせ、すみずみまで活力を浸透させます。

腹筋

①仰向けの姿勢でひざを立て、足を肩幅に開いて、足の裏をぴったり床につけます。両手をおなかの前で交差させ、息を吸って、吐きながら手を前方に伸ばして、頭を上げていきます。吸いながら戻して、ひと息つきます。3回。

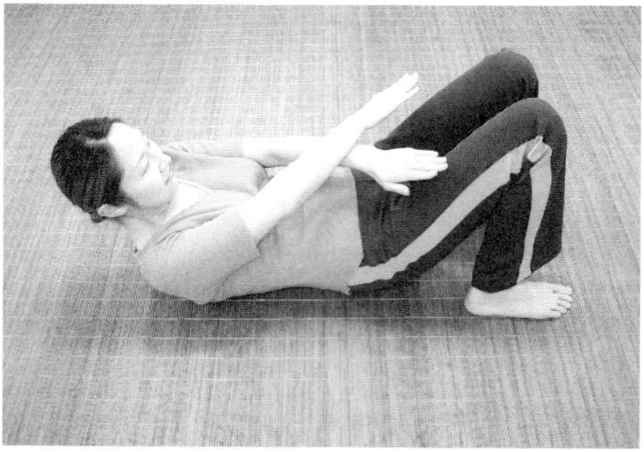

上半身を起こしたとき腕が曲がらないように。肩や脚に余分な力が入らないように注意。

腹筋を鍛え、産後のおなかのたるみを引き締めます。

②仰向けの姿勢で、両腕を前に伸ばします。息を吸って、吐きながら上半身を右に傾けて、両腕を右脚の外側に沿って伸ばすようにして、頭を上げていきます。ねじれているおなかや腰を感じます。吸って戻して、ひと息つきます。反対側にも。各3回。

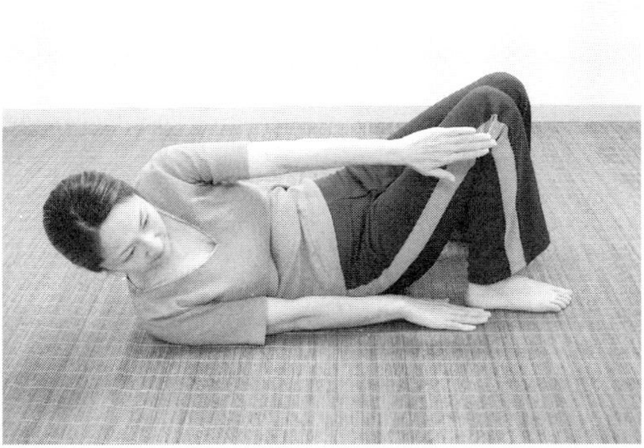

ねじったときに、両手の先を見るようなつもりで。肩や脚の力を抜きます。

ねじることで、わき腹の腹筋が強化されます。

産後12週目から
赤ちゃんといっしょに
アフターヨーガ

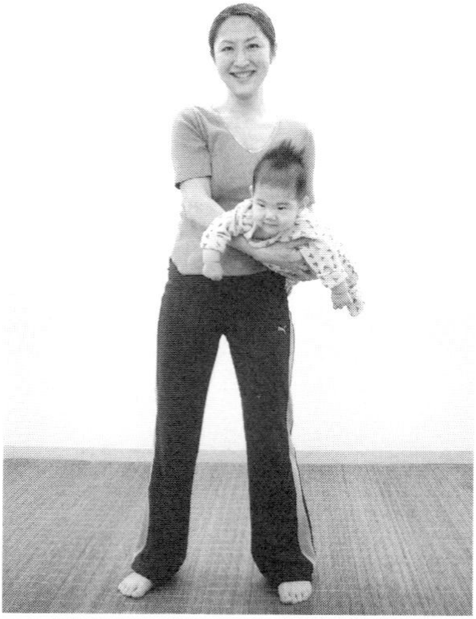

しーそー（立って脇を伸ばすポーズ）

①足を肩幅に開いて立ち、足先をまっすぐ正面に向けます。赤ちゃんをうつぶせにして、両腕でしっかり抱え、左脇に寄せます。

②息を吸って、吐きながら、上半身を左へ倒していきます。からだが前に倒れないように注意して。ひと呼吸してから、次に息を吸いながら、元の位置に上半身を戻します。2回。反対側も。倒しやすいほう、倒しにくいほうの違いを感じて。

足は八の字ではなく、足先をまっすぐ正面に向けると、骨盤を引き締める効果がより上がります。

骨盤を調整し、腰痛予防に。肩こりの予防。

ぶらんこ（立って前に倒しながらねじるポーズ）

①足を肩幅に開いて立った姿勢で、赤ちゃんの背中が自分のおなかにひっつくように正面で抱きます。赤ちゃんの足首を両手で持ち、足の裏を合わせます。
②息を吸って、吐きながら、ゆっくり上半身を前に倒し、赤ちゃんをぶら下げるように、腕を下に伸ばしていきます。首の力を抜いて、前屈の姿勢でひと呼吸。
③息を吸って、吐きながら、ゆっくりと左側に上半身を移動させます。そのまま自然な呼吸で少したもちます。息を吸いながら、上半身を正面に戻してひと息。次に息を吸って、吐きながら右側に上半身を移動させ、少したもちます。
④吸いながら、正面に戻してひと息吐き、息を吸いながら上半身をゆっくり起こしていきます。右側からも。1回ずつ。

❤ 骨盤を調整し、腰痛予防に。背中を伸ばすので、肩や背中のこりをほぐし筋肉強化に。

ひこうきぶーん（寝た姿勢で脚上げ）

①仰向けに寝て、脚を揃えてひざを抱えた姿勢で、脚のすねの上に赤ちゃんを腹ばいに縦向きにのせます。
②息を吸いながら頭を上げて、ひざを顔のほうへ近づけます。その姿勢で、ゆっくりひと息たもちます。
③赤ちゃんに両手をそえて支え、息を吸いながら、ひざを90度ぐらいに上げていきます。自然な呼吸で、赤ちゃんの様子を見ながら、足先を少し上げ下げしてみましょう。1回から、慣れてきたら3回ほど。ひざを下ろした姿勢で、ゆっくり赤ちゃんを胸に抱き寄せてから、両足を床につけます。

バランスがとりにくく、左右に傾いてしまう場合は、クッションなどで左右のわき腹を補強します。

おなかを刺激するので、子宮の戻りや便秘に効果的。脚腰の強化に。

ブリッジ（腰上げ）

①仰向けの姿勢でひざを立て、両足を肩幅に開いて、かかとをおしりにつけます。赤ちゃんをおなかの上に座らせます。
②息を吸いながらゆっくり腰を上げていきます。楽な位置でキープして、おしりの筋肉を締めていきます。自然な呼吸で。5秒ほどたもってから、おしりをゆるめます。
③次に息を吸いながら、かかとを床から上げていきます。ゆったりとした呼吸で10秒くらいキープ。息を吐きながら、ゆっくりかかとを床につけ、おしりも下ろしていきます。1～3回。
④赤ちゃんをしっかりと胸に抱いてから、横向きになって起き上がります。

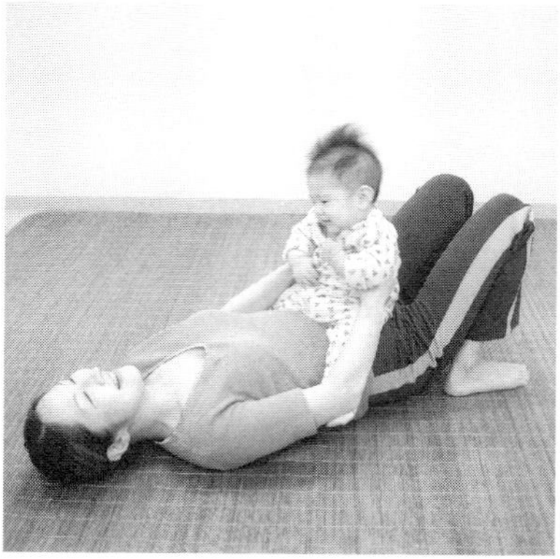

ゆっくりとした呼吸に合わせて、無理をしないで。

おしりを締めることによって、骨盤底筋肉を引き締め、尿もれの改善や、膣の戻りを助けます。ヒップアップにも。

赤ちゃんにばあ（前屈して片手を上げるポーズ）

①左右のひざをつけて正座します。赤ちゃんの脚をかえるのように開いて、ひざの前に仰向けに寝かせます。両手を赤ちゃんの顔の脇に置き、息を吸って、吐きながら、両手を前に滑らせるようにして、赤ちゃんの上にかぶさっていきます。自然な呼吸で、10秒ほどたもちます。

②息を吸いながら、右手を真上に上げて伸ばします。目線は上げた手先を見るように。

③息を吸って、吐きながら、上げた手を背泳ぎの手のように後ろに回して、床のほうに戻していきます。左右2回ずつ。

前屈して赤ちゃんの顔が近づいたときには「ばあ」と言って笑わせましょう。背中から手の先までが伸びているのを感じて。

背中が伸びて、おしりや背骨の緊張緩和に効果的。消化を助け、便秘の解消に。肩甲骨付近の筋肉がゆるみ肩こりを和らげ、乳腺の代謝を高めます。

ベビーマッサージ

赤ちゃんはタッチが大好き。抱かれたり、ほおずりされたりすると安心します。

愛する人の手のぬくもりや、肌の触れあいは、だれにとっても気持ちよく、こころが落ち着くもの。言葉で伝えなくても、互いを深く知ることができる、タッチ・コミュニケーションです。

ベビーマッサージは、なでることによって全身の血行をうながし、皮膚を強くしますし、内臓が適度に刺激され消化もよくなります。まだ寝返りのうてない小さな赤ちゃんにとっては、タッチの刺激や手足を動かすことが運動になって、よく眠るようになる効果も。赤ちゃんだけでなく、タッチする母親や家族の気持ちもおだやかに幸せな気分にしてくれます。

ベビーマッサージは、生後2カ月くらいになってからはじめます。毎日、赤ちゃんをはだかにしてマッサージすることで、赤ちゃんのからだの変化にすぐに気づくことができるようになりますし、その日の機嫌や体調もわかるようになっていきます。

ベビーマッサージはマニュアルどおりにする必要はありません。赤ちゃんを観察しながら、できる時間に、赤ちゃんが喜ぶようにタッチしていくのがコツ。触れあっているうちに、赤ちゃんと思いが通じているという実感がわいてきて、育児に自信がもてるようになります。

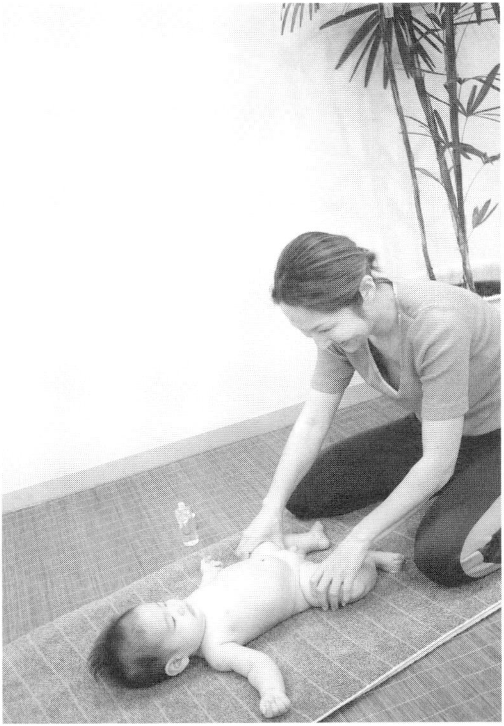

ベビーマッサージの準備

部屋をあらかじめあたためておきます。清潔な床の上か、畳の上にマットかバスタオルを敷いて、その上で行ないます。マッサージする人は手を洗い、手をあたためておきます。オイルは植物性のピュアなもの。できればベビーマッサージ用のものを。赤ちゃんが機嫌が悪いときや、おなかが空いているときは避けましょう。

おなかや背中をなでなで

①赤ちゃんを仰向けに寝かせます。あたためておいた手にオイルをたっぷりつけて、両手をこすり合わせて、手のひら全体にオイルをなじませます。次に、赤ちゃんの胸に両手を当て、左右のわき腹を通って、おなかの下まで手のひらでやさしくなでていきます。丸く円を描くように。
②両手を肩にあてて、腕から手先までなでます。
③赤ちゃんをうつぶせにして、両手のひらをつかって、肩から腕、背中からおしりのほうまでなでていきます。それぞれ3～5回ほど。

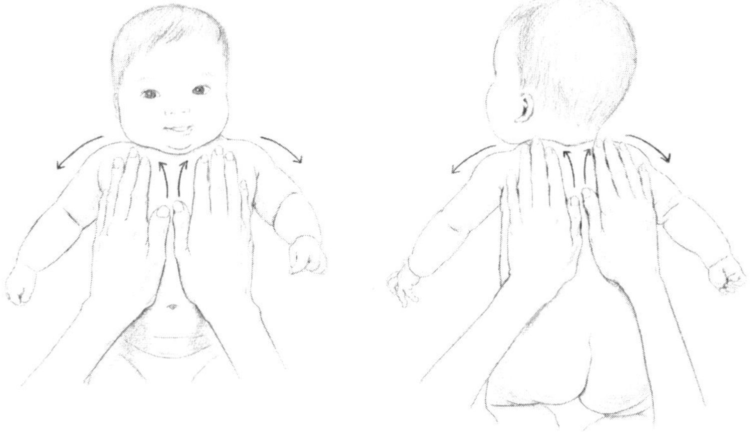

手のストロークはあくまでもやさしく、皮膚をなでる感じで。力を入れる必要はありません。マッサージをはじめる前、マッサージをしているあいだは、赤ちゃんに声をかけながら。目やからだをよく見て、赤ちゃんの様子を観察します。ぐずったり、泣いたりした場合には、手を休めて抱いてあげましょう。おなかや背中だけでなく、手、もも、足なども。

全身の血行をうながし、病気に対する抵抗力が増します。触れることで、赤ちゃんもマッサージする人も、気持ちいい感覚とリラックスを得ることができます。

アトピー性皮膚炎や皮膚に疾患がある赤ちゃんは、マッサージをする前に医師に相談を。マッサージをしてしっしんなどが出た場合にも、専門家に相談してください。

7

お産のときの便利帳

マタニティ・ヨーガで練習した
ポーズや呼吸法、リラックスは、
お産がはじまってからこそ、その真価を発揮します。
自信をもって、どーんとした気分で、
お産を迎えましょ。

お産の呼吸法

お産のとき呼吸法が効果的、ということはよく知られています。「ひっひっふー」というラマーズ法の呼吸法がポピュラーですが、そもそも呼吸法というのは無意識に行なっている呼吸を意識的に行なうこと。ですから、「ひっひっふー」だけがお産の呼吸法ということではありません。

お産のとき、痛みと不安で歯をくいしばって息をこらえてしまったり、あえぐような浅い呼吸になってしまうと、胎児へ酸素が十分にいきわたらなくなってしまいます。そこで、酸素を送り続けるために意識して呼吸をすることが必要になってきます。呼吸を整えることで気持ちを穏やかにする効果もあります。また、ヨーガでは、呼吸は気を整えるものとされています。からだの中の気をコントロールして、産み出す力を高めてくれるのです。

呼吸は吐く息を意識して、ゆっくりと。いっしょうけんめい息を吸い続けると、こんどは酸素がたくさん入り過ぎて、頭がくらくらしてしまうことがあります。吐けば、息は自然に入ってきますから、ゆったり「ふー・・・ふー・・・ふー・・・」と吐いていきます。

マタニティ・ヨーガを続けてきた人なら、呼吸のし方はからだ

が覚えているはず。ヨーガの呼吸法を思い出して、静かに呼吸を続ければ、パニックになることはありません。

ヨーガでは鼻から吸って、鼻から吐く練習をしてきましたが、陣痛が強くなってくると口で吐いたほうが楽になります。緊張していると呼吸は浅く速くなりやすいので、気持ちを落ち着けるためにも、ゆったりと流れるように呼吸します。

陣痛が強くなってきたら、痛みを吐き出すようなつもりで、くちびるを少しとがらせて「ふーっ」と長く吐きます。

出産する産院でラマーズ法の呼吸法を指導している場合には、分娩室ではその呼吸を誘導してもらえるはず。とくに呼吸の指導がない施設の場合には、ふーっと吐き出す呼吸を練習しておけば、本番でもひとりでできます。

いきみも呼吸法のひとつです。いきむときも、息をあまり長く止めると、胎児へ送られる酸素の量が少なくなってしまいます。どうしてもいきみたいという感覚がわき上がってくるまで、できるだけ無理にいきまないようにして、最後に我慢ができなくなったときに、「う～ん」と5秒ほどいきみます。それを何度かくり返すうちに、赤ちゃんが誕生してきます。

お産のときの姿勢

「お産は分娩台の上で、仰向けの姿勢でいきんで産む」と思っている人があんがい多いのですが、実は仰向けの姿勢というのはけっこう辛い姿勢です。妊娠中期のころから、夜寝るとき仰向けの姿勢をとるのが苦しくなっている人は、陣痛で苦しんでいるとき、この姿勢はもっと苦しいはず。仰向けの姿勢をとると、背骨の両脇に通っている大静脈や大動脈の上に子宮がのってしまうので、胎児への酸素の供給が滞ってしまうことがあります。

昔は世界中どこでも、仰向けの姿勢で出産した女性たちはほとんどいませんでした。女性たちは、伝統的に上半身を起こし

陣痛のときの楽な姿勢

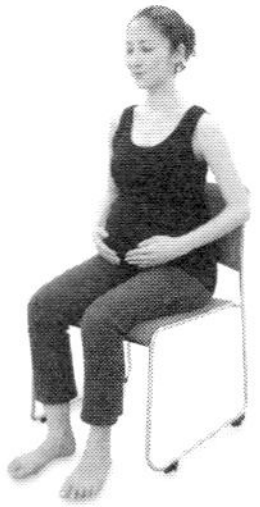

●椅子に座った姿勢

●よつんばいで腰回し

●立って腰回し

た姿勢で子どもを産んできました。どうしてだかわかりますか？とても単純な答え。そのほうが楽だからです。

入院してから、陣痛室でベッドに寝ていなければならないことはありません。ベッドの上でもからだを起こすことができますし、部屋の中を歩くこともできます。ヨーガのポーズの中にも陣痛のときに適した姿勢があります。

陣痛中だけでなく、分娩室の中でもフリースタイル（自由な体位）で出産できる産院があります。仰向けでない姿勢で出産できるかどうか、事前に聞いてみては？

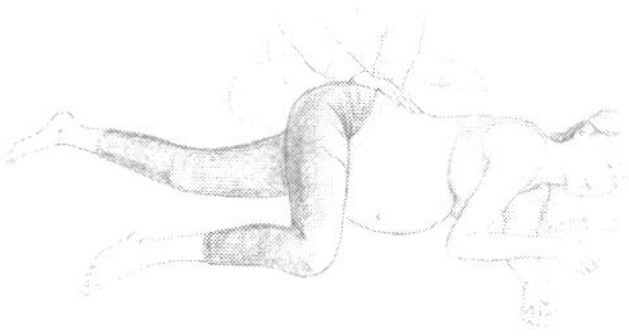

●ふたりでマッサージ　背中

●椅子をつかったスクワット

●リラックス

バースプランをたてよう

結婚するときには、式場をどこにしようかとか、式や披露宴のプログラムをどうしようかなど、予算と相談しながら綿密に決めていくのは、むしろあたりまえのこと。ところが妊娠や出産はけっこうお金がかかるにもかかわらず、健診や出産で何が行なわれるのかなかなかわかりにくいという難点があります。一番近所の大きな結婚式場だから安心と、式場を決める人はそう多くないと思います。

「出産は自然なことだから、どこでも同じ」と言う人がいますが、実際は、施設によって行なわれる検査も違えば、お産のときの医療処置や出産方法も違います。それによって、お産の印象はかなり差が出てきます。「もう二度と産みたくない」という人もいれば、「すっごくセクシーな体験だった。もっと産みたい」という人もいます。

お産とひと口に言っても、施設によっては数々の医療的な処置がパッケージになっているところもありますし、できるだけ自然に待つお産をしているところもあります。妊娠中の健診でどんな検査が行なわれ、お産のときにはどんな処置が行なわれるのか、あらかじめ知っておきたいもの。

その上で、バースプランをたててみると、ビジョンが見えて

きます。バースプランというのは、どんなお産がしたいのかという、自分たちの出産計画書のようなもの。

できれば、バースプランをたててから出産する産院を決めたいところですが、産院が決まっている場合には、できるだけ希望にそった出産ができるように、健診のときに医師や助産師に自分たちの希望を伝えてみては？

母乳で育てたいと考えている人は、母乳哺育に熱心な産院や母子同室の産院を選ぶと、ケアが受けられ、母乳をスムーズにスタートさせることができます。

●バースプランを書いてみる

パートナーや家族の立会い、会陰切開、出産姿勢、母子同室など、お産に対する自分たちの考えをまとめ、それに向かって自分ができること、やっていることを書き出す。

●バースプランの項目以外に産院にあらかじめ聞いておきたいこと

出産予定日が過ぎたとき、逆子になった場合の対応。どのようなときに帝王切開をするのか、陣痛促進剤をつかうのか。希望のお産ができるように、自分にできること。

マタニティお役立ち情報ページ

■日本マタニティ・ヨーガ協会　http://home.att.ne.jp/gold/mata/

マタニティ・ヨーガについての情報と、全国のマタニティ・ヨーガクラスのリストなど。

■babycom　http://www.babycom.gr.jp/

妊娠、出産、育児、不妊に関する情報サイト。書き込みのできるVOICEはとくに人気が高い。

■REBORN　http://www.web-reborn.com/

妊娠、出産、育児情報を提供する、お産をよくする出産のネットワーク。自然なお産ができる施設多数を含む約200件の産院情報、おすすめ書籍の紹介、通販など。

■ラ・レーチェ・リーグ 日本　http://www.llljapan.com/

母乳育児の世界的サポートグループ。母乳育児に関するさまざまな情報や、母乳育児相談、全国の会員の集いなどを紹介。

■NPO自然育児友の会　http://www.shizen-ikuji.org/

母乳、育児に関するサポートグループ。都内でのイベントや講座のほか、全国各地で会員の集いが開かれている。

■日本助産師会　http://www.midwife.or.jp/

全国の助産所リストや子育て相談コーナーなど。

■きくちさかえのマタニティ・クラス＆マタニティ・ヨーガクラス

http://www.babycom.gr.jp/birth/class/index.html

マタニティ・コーディネーターきくちさかえによる、出産に向けてからだと心を準備するためのクラス。5回のコースでは、お産についての知識を学び、マタニティ・ヨーガでからだを整え、参加者一人ひとりにあった情報を提供して問題点や悩みを解消していく。東京、山梨ほかで定期的に開催。マタニティ・ヨーガクラスは、毎週都内青山で開催。出張クラス、プライベートクラスも。

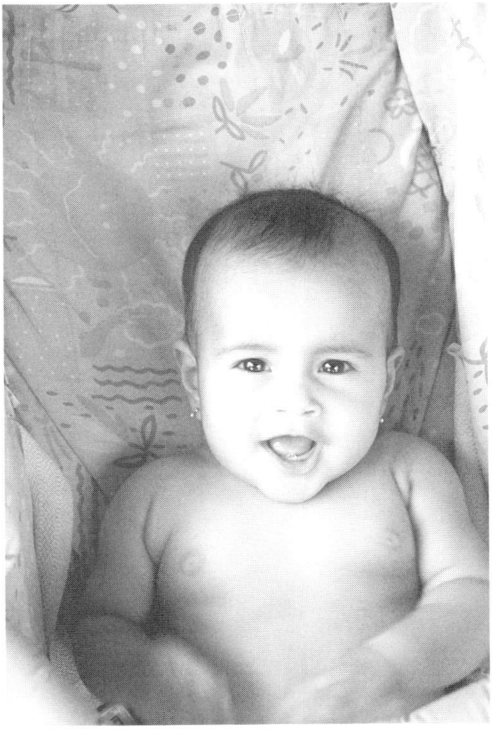

あとがき

からだを動かすことは、気持ちのいいものです。とくに、おなかに赤ちゃんを宿しているマタニティの時期は、からだの変化を敏感に感じるとき。そんなときこそ、からだをよく知るチャンスです。

妊娠すると女性のからだは母になり、仕事をしているときとは違う子どものためのからだモードが必要になってきます。それは、今まで気がつかなかったやさしい時間の流れ。そんなからだのモードに気づかせてくれるのが、マタニティ・ヨーガです。

はじめての妊娠で「なにもかも不安」という人はたくさんいますが、からだを動かすことで不安が解消されていくことはよくあります。からだは、そんな不思議な力をもっています。

本の中では触れることができませんでしたが、エクササイズとともに食事も大切。毎日の食事は、健康への栄養です。食生活は習慣になっているので、食べているものを吟味することはなかなか難しいかもしれませんが、いつも口にしている甘いものやフルーツが、意外にからだを冷やしていることはあまり知られていません。日々の生活の中、からだを冷やさない食事をして、エクササイズをすることで、体質や体調は予想以上に変わっていくもの。安産は、自分の力でつくることができます。お産に向かって前向きに準備すれば、自信がわいてきて、不安も解消されていくはず。

本書を出すにあたって、日本マタニティ・ヨーガ協会の森田俊一先生、森佐知子先生に多大なるご協力いただきました。また、第6章の「赤ちゃんといっしょのアフターヨーガ」は、マタニティ・ヨーガインストラクターのしばたさとみさんのご協力とアドバイスを、アロマに関してはアロマテラピーサロン“ミウ.”の三浦由希美さんにアドバイスをいただきました。モデルになってくださった方々の赤ちゃんたちはみんな無事に生まれました。みなさまのご協力に心より感謝しております。

生まれてくる赤ちゃんたちが、よりよい環境の中に生まれ、育っていけますように。

富士山麓の湖畔にて　　きくちさかえ

きくち さかえ

マタニティ・コーディネーター／写真家

出産準備教室「マタニティ・クラス」主宰。出産・育児・不妊ウェブ“babycom”企画（http://www.babycom.gr.jp/）。妊娠・出産・育児情報ネット“REBORN”スタッフ（http://www.web-reborn.com/）。日本マタニティ・ヨーガ協会推薦指導員。社団法人日本写真協会会員。

助産院での出産を契機に出産に関心をもち、研究と取材をすすめるようになる。アメリカ、ヨーロッパ、オーストラリア、アジア、ブラジル、ミクロネシア諸島など世界15カ国以上の出産を取材。

著書『うまれるいのち　つながるいのち』（実業之日本社）、『産むかもしれないあなたへ』（NECメディアプロダクツ）、『イブの出産、アダムの誕生』『お産がゆく』（農文協）。

編集・写真『お産！このいのちの神秘―２万例のお産が教えてくれた真実』（吉村正著、春秋社）。

共訳書『シーラおばさんの妊娠と出産の本』（農文協）、『ニュー・アクティブ・バース』『バース・リボーン―よみがえる出産』（現代書館）。

編著『お産はっけよい―アクティブに産もう』（現代書館）。

写真　きくち さかえ

イラスト　ののはら つらら

モデル　垣貫 妙、ヴェルクテール友起子、辻井加代、 しばたさとみ、柴田礼登

DVDモデル　二本木麻矢乃

DVD付 マタニティ・ヨーガ 安産BOOK

2005年11月10日 第1版第1刷発行　2008年1月15日 第1版第7刷発行

著者　きくち さかえ

装幀　柳 忠行

発行者　菊地泰博

発行所　株式会社 現代書館

102-0072 東京都千代田区飯田橋3-2-5

電話 03（3221）1321

FAX 03（3262）5906

振替 00120-3-83725

http://www.gendaishokan.co.jp/

デザイン　Office Knock

印刷　モリモト印刷　東光印刷所

製本　越後堂製本

校正協力・岩田純子

ISBN978-4-7684-3452-9

定価はカバーに表示してあります。落丁本・乱丁本はお取り替えいたします。

J・バラスカス=著　　きくちさかえ・佐藤由美子=訳

ニュー・アクティブ・バース

A5判　320頁　2800円＋税

アクティブ・バースは、現代の医療に管理された出産を、女性と赤ちゃん主体の出産に取り戻そうという新しい運動である。分娩台からおりて、起き上がった姿勢で産めば、女性は出産本能に身を任せ自由に産むことができる。第二のお産革命の書。

ミシェル・オダン=著　　久靖男=監訳　　きくちさかえ・佐藤由美子=訳

バース・リボーン　よみがえる出産

A5判　180頁　1740円＋税

自然なお産を願う女性たちの気持ちと女性が本来もっている産む力を信頼した出産の方法。安全性の名の下で必要かどうか確信のないまま使われている薬剤や器械による近代医療介入の管理分娩を批判した、お母さんと赤ちゃんに優しいお産の本。

きくちさかえ=編

お産はっけよい　アクティブに産もう

四六判　248頁　1500円＋税

自然なお産、夫や家族が参加するお産、高齢出産、水中出産、ホーム・バース、帝王切開など、各々の顔が異なるようにお産も千差万別。自分にあったお産をアクティブに取り組んだ人たちの発気よいの物語。産婦人科医、久靖男先生のアドバイス付き。

男の子育てを考える会=編

男の育児書〈新装改訂版〉

A5判　184頁　2000円＋税

今までの「育児書」は母親のために書かれてきた。「子育て」に協力するのではなく、主体者として男が子育てに関わった日本で初めての「男の育児書」。失敗談、男のホンネ、女のホンネ、出産に立ち合った記録。男から男への熱きメッセージ。